データでわかる2030年 雇用の未来

夫馬賢治

日経プレミアシリーズ

図表 1-3　SDGsゴール間のトレードオフ

▶ P36

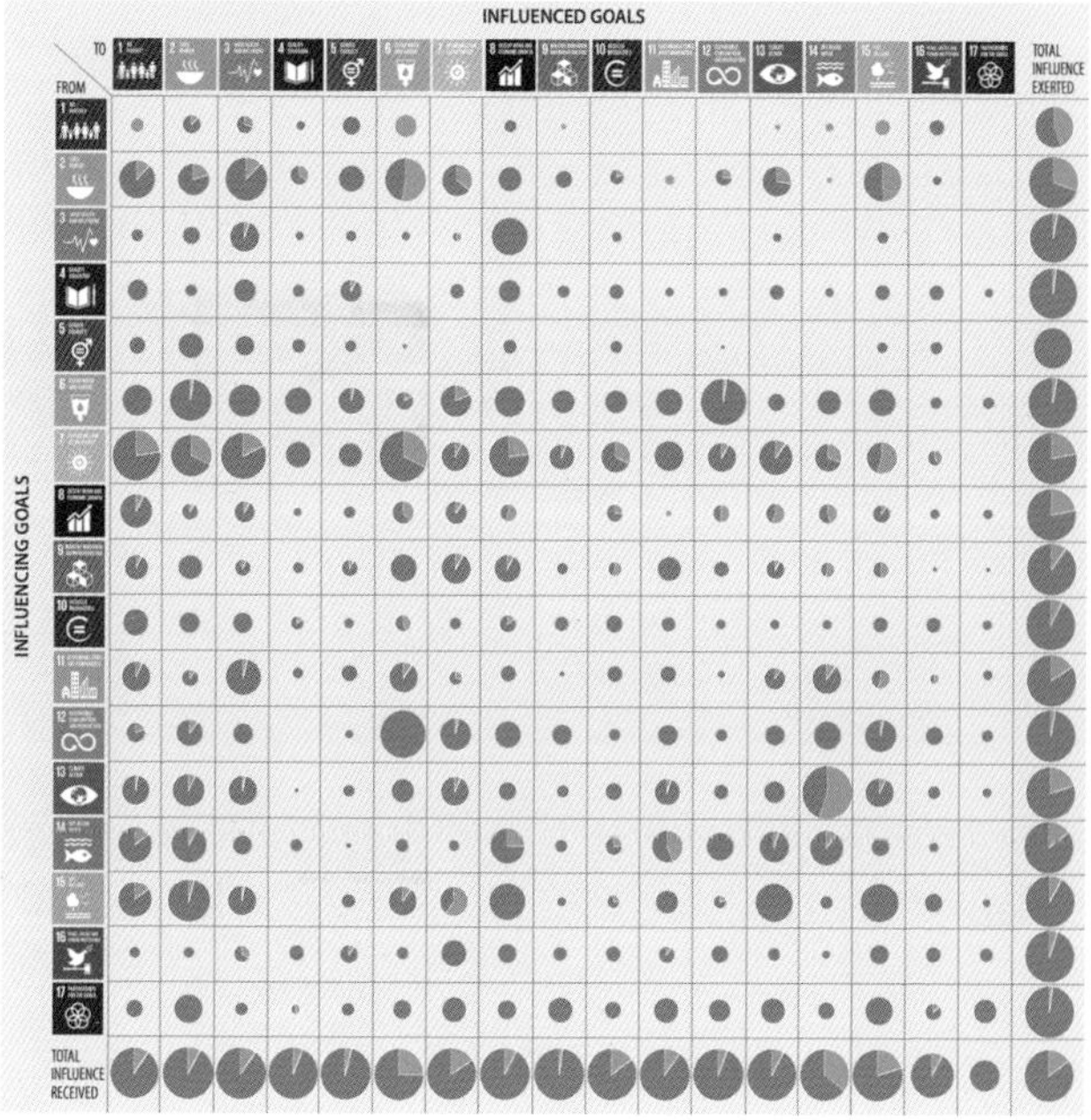

出所：United Nations (2019)「Global Sustainable Development Report 2019」

図表 2-2 気候変動に対応した場合、しなかった場合の社会的コスト

▶ P68

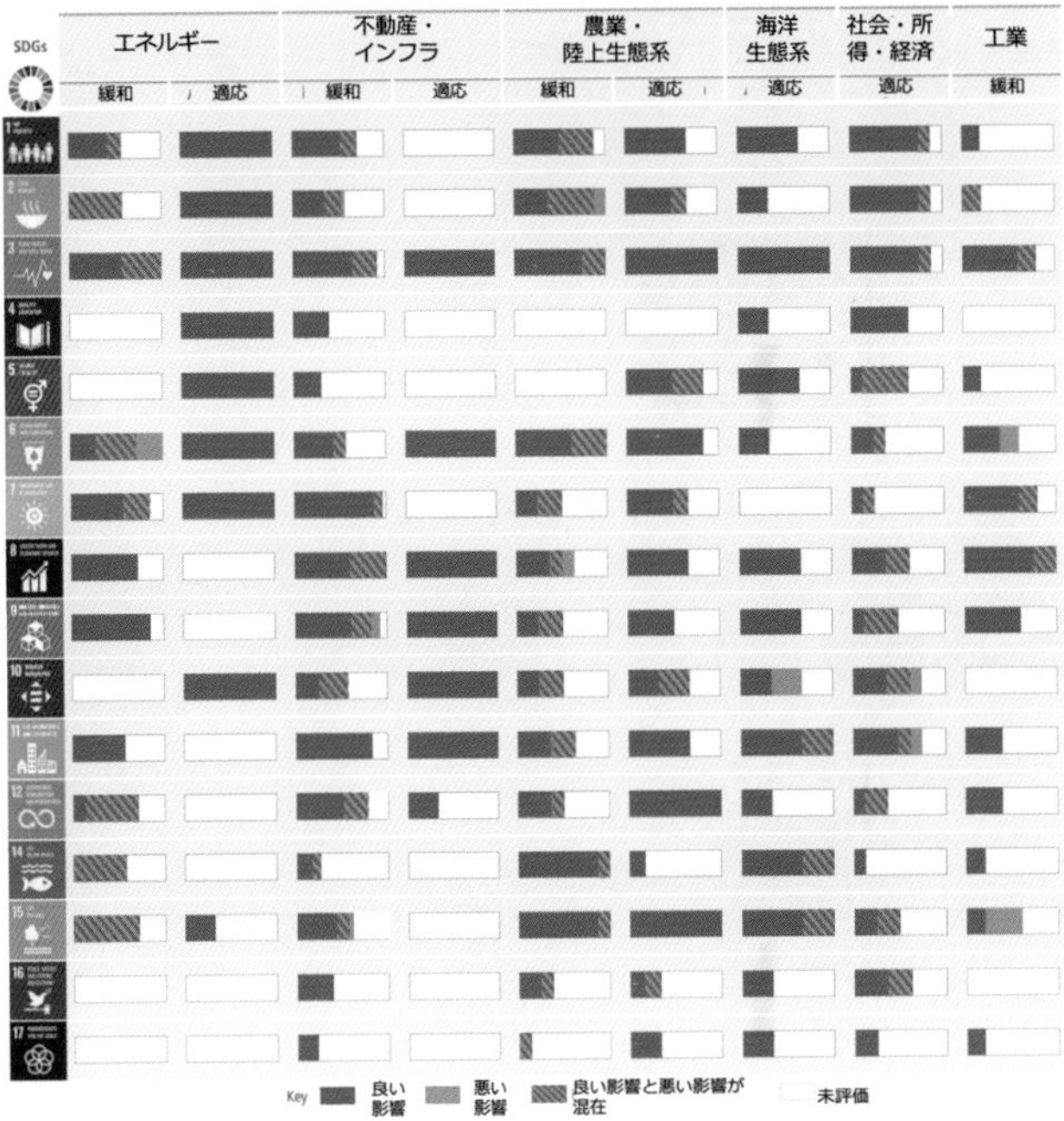

出所：IPCC (2023)「AR6 Synthesis Report: Climate Change 2023」

図表 6-1　AIによって代替される雇用リスク

▶ P181

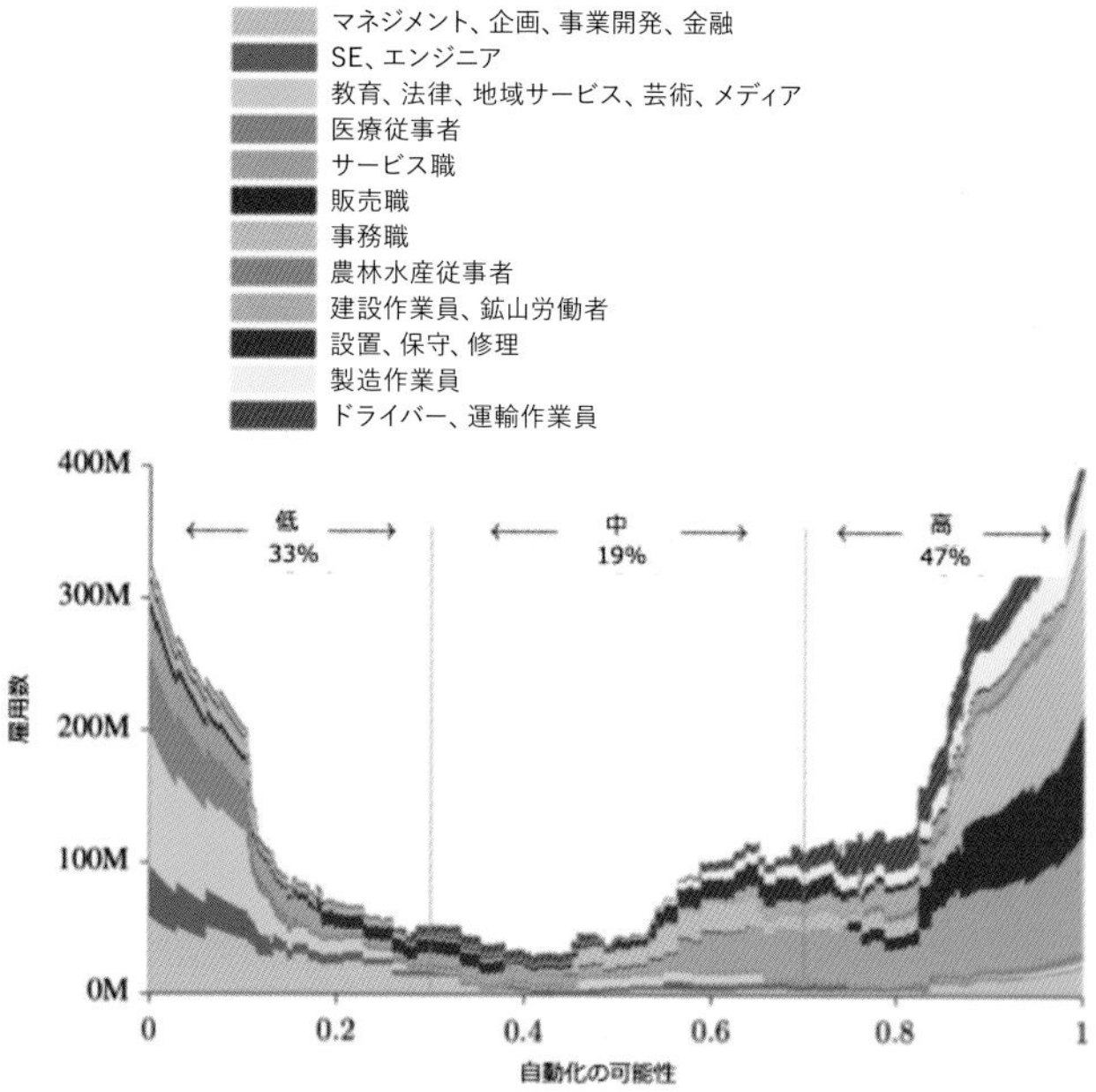

出所：Carl Benedikt Frey & Michael A. Osborne (2013)
「The Future of Employment: How susceptible are jobs to computerisation?」を基に著者和訳

プロローグ　日本人の知らない21世紀の産業革命

私たちの社会は大きく行き詰まっている。その結果、２０３０年に新たな産業革命が世界中で始まる。その産業革命の規模は、18世紀後半から19世紀にかけてイギリスで始まったかつての産業革命を超えるものになるだろう。

人類史を一変させたイギリス産業革命から、すでに１５０年以上が経過しており、産業革命は歴史上の出来事と化している。今日、当時の産業革命を実際に経験したことがある人はいない。

だが、後世に生きる私たちは、イギリス産業革命が、あらゆる分野の産業構造や雇用のあり方を劇的に変えてしまったことを知っている。さらに、イギリス産業革命は、教育のあり方や、キャリア形成のあり方、社会構造までをも一変させた。

それほどまでに大きな産業革命を、人類はもう一度経験しようとしている。

だが、いまにも始まろうとしている新しい産業革命を前に、あまりにも私たちは無防備だ。ほとんどの人はこれから産業革命が始まろうとしていることにも気づいていない。学校教育の現場でも、産業革命が始まるということを予見している人はほとんどいないだろう。この状態で、日本社会が産業革命時代に突入にしていけば、私たちは時代の変化に適応できなくなってしまう。そうなれば、産業は弱体化し、雇用は失われ、そして経済は落ち込み、社会は衰退していくだろう。

ラッダイト運動から考える現代の教訓

私たちが、19世紀イギリスの産業革命から学べることはたくさんある。そのひとつが、「**産業革命はいったん動き出すと、容易には止められない**」という事実だ。

イギリス産業革命では、それまでは手工業が中心だった毛織物業界に、自動織機が持ち込まれ、品質が安定した生地を大量かつ低コストで生産できるようになった。それに伴い、非熟練工だけでなく、高賃金の熟練工までもが失業することとなった。それを不服とする労働者たちは、1811年から16年までの間、イギリス中・北部の織物工業地帯で自動織機や工場を打ち壊す「ラッダイト運動」を引き起こした。

ラッダイトという言葉の由来は、伝承上の職工ネッド・ラッドからきているという説が有力だ。ラッドには、私憤で靴下編機2台を破壊したという逸話がある。そのことから「織機を破壊した人＝ラッド」という俗語が生まれ、「ラッダイト運動」と名付けられた。

労働者が巻き起こしたラッダイト運動が最後どうなったかを、ご存じだろうか。イギリス国会は1812年に機械破壊法を制定し、機械を破壊する行為に死刑を適用する刑事罰を科した。だがこれでも暴動は収まらなかった。次にイギリス政府は、ラッダイト運動の主導者を密告した場合に多額の懸賞金を支払う策に出た。すると仲間割れが起き、指導者の逮捕・処刑が頻発し、勢いが衰えた。最後にイギリス政府は、1万2000人の軍隊を投入し、力づくで労働者の暴動を鎮圧し、ラッダイト運動は終焉した。

ラッダイト運動や、それを武力で鎮圧した政府の対応については、賛否両論あるだろう。だが、ラッダイト運動は、結局は時代の流れにさからえなかった。繊維業界はその後、急速に機械化されていき、私たちはいま、当たり前のように自動織機で織られた衣類を身に着けている。そしてそのことに疑問を抱く人は21世紀にはほとんどいなくなった。

産業革命が近代的な学校教育制度をもたらした

ではイギリス産業革命の中で、どのように人類は時代の変化に適応していったのだろうか。

産業革命によって組織の中で機能的に活動する人が必要になると、共通の基礎学力とコミュニケーション能力を修得する教育制度が普及していった。これが今日まで続く「近代的教育制度」だ。大勢の人たちに、同じ内容を効率的に教えていくためには、教室で同じ内容を先生が教える「学校」という制度は理に適っていた。こうして、産業革命が始まった国々では、学校教育制度が整えられていき、それまでの貧困層も含めて徐々に学校に通うようになった。ヨーロッパでは産業革命前までは誰もが「読み書きできる」という状況ではなかったが、近代的教育制度によって識字率は一気に上昇していった。

同時に、徒弟制度に基づく中世の「技能学習」から、アカデミックな「技術学習」へと重点が移った。いわゆる「工学」分野の確立だ。宗教学に端を発した伝統的な大学ではなく、自然科学を教えることを理念とした新興大学が世界各地に創設された。数学や理学の教育課程も整備されていった。自然科学を教える大学を求めたのは、産業革命によって誕生した産業家や、新たな時代に向けた社会変革の必要性を認識した法曹家たちで、彼らが寄付して新興大学が創設された。彼らが望んだのは、商人階層や中産階級の子弟の学び場として実務能力を修得するための新しい学部だった。[1]

近代的教育制度は、イギリスで産声をあげたが、最も劇的に整備されていったのは、大西洋を渡った先のアメリカだった。理由は、イギリス産業革命は、徐々に舞台をアメリカに移していき、アメリカが産業革命の震源地になっていったからだ。本書の中でも紹介するが、この時代にアメリカでは全土に大学が創設されていき、大学入学者が急増していく。日本では明治維新後に近代的教育制度が整備されつつも、大学入学者が急増したのは戦後だった。これが1955年頃から73年頃までの高度経済成長期を生み出した。産業革命によって、教育のあり方までもが一変した。

1 秦由美子（2014）『イギリスの大学』東信堂

イギリスの産業革命と21世紀の産業革命の違い

イギリス産業革命のきっかけは、「労働生産性の向上」だった。中世のイギリスはヨーロッパの中では辺境の地だったため、もともと人口が少なかった。だが、ロンドン周辺が都市化するにつれ、人手不足に陥り、賃金が上昇していった。ロンドン周辺の高賃金に魅せられたイギリス各地の労働者は、職を求めてロンドンへと移住していく。すると、今度はイギリスの地方でも人手不足が始まり、賃金が上昇した。その結果、ヨーロッパの他の地域に比べ、イギリスでは熟練技能者だけでなく、非熟練技能者の賃金も高水準となった。[2] このことが、イギリスで産業革命が始まる要因の一つとなり、イギリスで機械化技術が大成し、熟練技能者を代替していくこととなった。

一方、21世紀の産業革命は、「世の中の行き詰まり」が主要因だ。科学技術やデータマネジメントの発展により、様々な予測技術を身につけた人類は、このままでは人類が大きな課題に直面するということを知るようになった。

そのことを象徴するものが、「サステナビリティ（持続可能性）」という言葉の興隆だ。サステナビリティという言葉は、日本ではつい最近使われるようになったのだが、学問分野では約50年も前から、欧米のビジネス界でも約15年も前から使われるようになっている。[3] それだけ、人類社会は「持続可能ではない」ことが認識されるようになった。

イギリス産業革命が、労働生産性の向上による利潤の追求が大きな動機となっていたことと異なり、21世紀の産業革命は、「人類社会の存続」という壮大なミッションを背負って始まろうとしている。このような産業革命は、先史時代にまで遡っても例がなく、ホモ・サピエンスにとって初めての経験と言っても過言ではない。

日本政府と日本企業の迷走

産業革命の予兆はすでに始まっている。「カーボンニュートラル」を掛け声とした企業への大規模な補助金や、職場でのＡＩ活用はその一例だ。これほどまでに大きな産業革命が始ま

2 Ｒ・Ｃ・アレン、眞嶋史叙ほか（２０１７）『世界史のなかの産業革命——資源・人的資本・グローバル経済』名古屋大学出版会
3 夫馬賢治（２０２０）『ＥＳＧ思考』講談社＋α新書

るのであれば、普通であれば、政府も企業も十分な対応をしていってしかるべきだ。

だが、日本政府は迷走している。政府はいま、「働き方改革」という錦の御旗を掲げ、次々と政策を打ち出してはいる。だが、その改革の狙いは、少子高齢化による人手不足への備えであって、産業革命への備えではない。現状の改革を進めても、私たちを待ち受ける21世紀の産業革命に立ち向かうことはできない。

日本企業も迷走している。ここ最近、企業では「人的資本経営」という言葉が一種のブームになってはいるが、語られているのは、いま存在している産業の働き方をいかに改善していくかという話が中心だ。しかし、どんなにいまの仕事が働きやすいものになっていたとしても、新たな産業革命が始まり、その仕事そのものがなくなってしまえば意味がない。それどころか、働き方改革に費やした時間も予算も無駄になってしまう。

いま、政府にも、企業にも、そして私たち一人ひとりにも必要なことは、すでに始まりかけている産業革命の内容を理解し、将来の雇用の大転換に備えていくことだ。

目次

第2章 気候変動対策が未来の雇用を一変させる

カーボンニュートラルとエネルギー革命

第4章 農林水産業革命は雇用をどう変えるか

第5章 サーキュラーエコノミー化が変える未来 素材革命で蘇る職人技能

第6章 AIとホワイトカラーの業務革命 179

第7章 少子高齢化がこれから職場にもたらす激変 201

人口減少とダイバーシティ・インクルージョン

第8章　未来の雇用に向けて何ができるか

第1章

21世紀の産業革命はいかにして起こるのか

なぜ希望出生率が上がらないのか

21世紀の産業革命は、人類社会が行き詰まった結果、始まる。そしてその行き詰まりの状況は、出生率の低下という形ですでにあらわになっている。

女性が生涯に産む子どもの平均人数を「合計特殊出生率」というが、日本の合計特殊出生率は2023年時点で1・20[1]だった。これは戦後で最も低い数値だ。日本の人口を維持するには、統計的な計算上、合計特殊出生率を「2・07」以上にしなければならない。日本では、1970年代にこの2・07を下回ってから、一度も2・07を超えたことがない。

日本政府は2015年に、戦後初めて出生率目標を公式に定め、25年までに1・8に引き上げることを宣言した。この目標値は、合計特殊出生率ではなく、希望出生率という別の指標で設定されている。希望出生率とは、離婚や不妊で子どもを持てなくなる人がいることを考慮し、「結婚したい」「子どもを持ちたい」と願うすべての人の希望がかなった場合の女性の出生率のことを指す。人口維持に必要な合計特殊出生率2・07を、希望出生率に換算すると1・8になるという。

だが、日本政府が掲げる希望出生率「1・8」が達成される見込みはまったくない。ではなぜ希望出生率は上がらないのか。若者世代が、子どもが欲しくても経済的理由で諦めているということだけが問題なのではない。そもそも「将来子どもを持ちたくない」と考える人が増えているのだ。2023年のある調査ではこの「将来子どもを持ちたくない」と答える若い世代の人が、男女ともに約半数に達した。[2]

子どもを持ちたくない理由はいろいろあり、子育てに拘束されず、自由な人生を歩みたいと思う人もいる。だがその一方で目を引くのは、「将来の日本が心配なので子どもがかわいそう」という回答だ。もはや、自分の都合で子どもを持ちたくないというだけではなく、生まれてくる子どもを不憫に思い、そうであるならば、最初から子どもは生まれてこないほうがよい、という考え方が広まっている。

ちなみに、他の先進国の出生率でも、アメリカが1・66、イギリスが1・68、フランスが

1 厚生労働省（2024）「令和5年（2023）人口動態統計月報年計（概数）」
2 BIGLOBE（2023）「『将来、子どもがほしくない』Z世代の約5割」https://www.biglobe.co.jp/pressroom/info/2023/02/230221-1

1・84、ドイツが1・58と決して高くない。この水準では、海外からの移民がなければ、日本と同じく人口は減少していく。ちなみに、お隣の韓国でも、2000年頃に日本を下回り、そこからも下落傾向が止まらず、いまや0・81だ。[3] シンガポールでも1・12、マカオが1・09、香港が0・77で、いずれも日本より低い。[4]

日本の政府や自治体はいま、希望出生率を上げるために、出産支援金や学費無償化などの資金支援策を打ち出している。もちろん、子育て支援の手厚い自治体は、他の自治体より出生率が上昇していたという調査結果もあり、[5] これらの政策が無意味だというわけではない。だが、将来に希望が湧く社会にできなければ、単なる子育て支援策を実施していても希望出生率が目標の1・8に達することはないだろう。

「5年後の経済状況が良くなっている」日本ではわずか9%

日経平均株価は、2024年にバブル期の最高値3万8915円87銭を超え、4万円台にもなった。その結果、日本経済は「失われた30年」から脱したと言われたりもするが、株価が上がったことで日本経済が楽観視されるようになったかというとそうでもない。

ここに一つの調査結果がある。2023年の国際調査で、「5年後の経済状況が良くなっている」と答えた人は、日本ではわずか9％しかおらず、28カ国中最下位だった。[6] さらに、22年度の前回調査では、「5年後の経済状況が良くなっている」が15％いたので、それと比較しても、1年間で6ポイントも下がった。

だが、これも日本だけのことではない。「5年後の経済状況が良くなっている」と答えた人の割合は、韓国が28％で前年から10ポイント減少した。アメリカは36％で4ポイント減少、イギリスは23％で7ポイント減少、フランスは12％で6ポイント減少し、日本に次ぐワースト2位だった。「幸せの国」というイメージの強い北欧のスウェーデンでも29％で、アメリカよりも低い。

3 厚生労働省（2023）「令和4年（2022）人口動態統計月報年計（概数）の概況」
4 World Bank Database
5 阿部一知・原田泰（2008）「子育て支援策の出生率に与える影響：市区町村データの分析」『会計検査研究』38号
6 Edelman（2023）「Edelman Trust Barometer 2023」

経済成長している新興国でも状況は同じだ。むしろ先進国よりも下落幅が大きい。例えば、シンガポールは「5年後の経済状況が良くなっている」が36％で日本より多いが、前年から7ポイントも下がった。経済発展著しいブラジル、メキシコ、ナイジェリア、マレーシアでは、前年から15ポイント以上も下がっている。ほとんどの国で悲観する人の割合が増えている。

このように、人々が抱く経済の将来イメージは大幅に悪化している。子どもを持つ親にとって、子どもには幸せになってほしいと願うことは普通だろうし、同時に親自身も子を育てながら幸せな時間を過ごしたいと思うだろう。だが、経済状況が悪化していくことを考慮すると、どれだけ出産時の手当を厚くしたところで、子どもを持ちたいという意欲は湧いてこないのではないだろうか。

若年層には環境に関する悲観が広がりつつある

人々が抱く将来への悲観は、経済だけにとどまらない。環境問題に関する将来イメージも悪化している。例えば、6カ国で実施された18歳の意識調査では、自国での重要課題として環境に関する課題を挙げた人はかなり多かった（図表１－１）。

若者が将来に対して抱く不安については、これまではどちらかというと、不況や社会課題に関するものが多く、環境に関するものはさほど多くなかった印象がある。だが、科学の発達により、自然環境に関する将来予測技術が向上するにつれ、環境観点の状況が相当悪いことも知られるようになった。

例えば、気候変動の問題では、国連事務総長が２０２３年に、もはや「グローバル・ウォーミング（地球温暖化）」ではなく「グローバル・ボイリング（地球沸騰化）」と呼ぶべきだと主張し、危機感をあらわにした。気候変動による自然災害の甚大化は、日本を含めて世界中で観測されており、実際に日本でも気候変動に不安を抱く人が増えている。[7]

経済成長著しい発展途上国でも、気候変動への関心は上がっている。気候変動により、世界中で自然災害による被害が大きくなっているが、先進国よりも発展途上国のほうが防災や復興に関する制度及びインフラが脆弱なため、社会的な打撃が大きいからだ。

7 内閣府（２０２３）「気候変動に関する世論調査（令和5年7月調査）」

中国 (n=1,000)		
1位	教育の質	36.4%
2位	高齢化	35.8%
3位	経済成長	33.5%
4位	**環境汚染**	32.8%
5位	**気候変動・温暖化**	22.5%
6位	**資源の循環・枯渇**	20.1%
6位	**自然災害**	20.1%
8位	**食糧問題（フードロス、安定確保）**	17.5%
9位	ジェンダー格差	16.3%
9位	貧困	16.3%
11位	人種等による差別・偏見	10.2%
12位	少子化	9.2%
13位	テロ・犯罪	7.5%
14位	移民の増加	7.0%
	その他	0.9%

韓国 (n=1,000)		
1位	少子化	51.0%
2位	高齢化	38.4%
3位	経済成長	23.6%
4位	**気候変動・温暖化**	22.1%
5位	教育の質	21.1%
6位	ジェンダー格差	20.2%
7位	**環境汚染**	17.6%
8位	人種等による差別・偏見	14.2%
9位	テロ・犯罪	13.8%
10位	**食糧問題（フードロス、安定確保）**	12.4%
11位	**資源の循環・枯渇**	11.6%
12位	**自然災害**	10.0%
13位	移民の増加	9.6%
14位	貧困	8.1%
	その他	1.9%

インド (n=1,000)		
1位	貧困	40.2%
2位	**環境汚染**	37.4%
3位	教育の質	33.8%
4位	**気候変動・温暖化**	21.8%
5位	テロ・犯罪	21.5%
6位	経済成長	21.3%
7位	人種等による差別・偏見	15.6%
8位	**食糧問題（フードロス、安定確保）**	15.5%
9位	ジェンダー格差	14.6%
10位	高齢化	11.8%
11位	**自然災害**	11.4%
12位	移民の増加	8.4%
13位	**資源の循環・枯渇**	4.7%
14位	少子化	4.4%
	その他	1.4%

その上、気候変動は、農業や漁業にも打撃を与えるため、食糧問題も悪化させる。実際に、2015年以前には、経済発展とともに飢餓人口は減少していたが、15年以降は反転し、飢餓人口は増加傾向にある（第3章で詳述する）[8]。

気候変動は人間社会による温室効果ガス排出が原因だということがすでに科学的に特定されてい

図表1-1　18歳が考える自国での重要課題

日本（n=1,000）

1位	少子化	47.6%
2位	高齢化	39.3%
3位	経済成長	25.2%
4位	**自然災害**	21.8%
5位	ジェンダー格差	19.3%
6位	教育の質	17.0%
7位	貧困	15.3%
8位	**食糧問題（フードロス、安定確保）**	12.8%
9位	**気候変動・温暖化**	12.7%
10位	**環境汚染**	9.6%
11位	人種等による差別・偏見	7.3%
12位	移民の増加	6.7%
13位	テロ・犯罪	6.6%
14位	**資源の循環・枯渇**	5.8%
	その他	3.0%

アメリカ（n=1,000）

1位	貧困	42.1%
2位	人種等による差別・偏見	34.5%
3位	**気候変動・温暖化**	32.6%
4位	教育の質	26.6%
5位	経済成長	24.4%
6位	テロ・犯罪	23.0%
7位	**環境汚染**	20.5%
8位	**食糧問題（フードロス、安定確保）**	20.0%
9位	移民の増加	18.8%
10位	ジェンダー格差	9.6%
11位	**自然災害**	8.3%
12位	高齢化	6.4%
12位	**資源の循環・枯渇**	6.4%
14位	少子化	5.6%
	その他	2.1%

イギリス（n=1,000）

1位	貧困	48.7%
2位	経済成長	33.4%
3位	**気候変動・温暖化**	28.8%
4位	人種等による差別・偏見	27.5%
5位	テロ・犯罪	25.2%
6位	移民の増加	23.5%
7位	教育の質	22.4%
8位	**食糧問題（フードロス、安定確保）**	17.8%
9位	**環境汚染**	17.5%
10位	ジェンダー格差	11.6%
11位	高齢化	9.8%
12位	少子化	5.1%
13位	**資源の循環・枯渇**	5.0%
14位	**自然災害**	4.0%
	その他	2.9%

出所：日本財団（2024）「18歳意識調査 第62回報告書──国や社会に対する意識（6カ国調査）」

るが、先進国や新興国で排出した温室効果ガスが、後進国での災害による被害の原因になってしまっている。こうして発展途上国と先進国の間の「南北問題」が再燃し、発展途上国は「グローバルサウス」という合言葉で連帯するようにもなった。

各国で広がる「弱者VS弱者」の構図

社会課題に対する懸念も大きくなっている。とりわけ経済格差は、先進国と発展途上国の間以上に、先進国の内部で広がっており、先進国でも経済格差に対する関心が広がりつつある。日本国内でも、新興国からの訪日観光客が増加する一方、日本人が海外旅行をする経済的余裕は乏しくなり、日本人が裕福だという実感がなくなってきている人も少なくない。

若者の間では、政治分断や社会分断への関心も高い。[9] 社会対立といえば、以前は資本家と労働者が対立する階級闘争を指したが、最近では、政府の限りある予算を、経済弱者間で奪い合う「弱者対弱者」という構図が顕著になった。「公金チューチュー」という言葉はその象徴とも言える。このような社会現象を、社会学者の伊藤昌亮教授は「明確な弱者と曖昧な弱者の対立」と呼称している。[10] 高齢者、障がい者、失業者、女性、ＬＧＢＴＱ、外国人労働者、戦争被害者といった以前から「明確な弱者」がリベラル政党を支持するのに対し、新たに弱者になった人々はリベラル政党を批判し、保守政党や極右政党を支持するようになった。こうして各国で政治の二極化が進行している。

他にも、偽情報・誤情報の蔓延や、サイバー攻撃などを課題として懸念する声もある。[11] 将来不安に関しては、状況を現実以上に悪いと思い込んでしまうという「バイアス効果」もあることも事実だろう。[12] だがそれでもなお、私たちの未来に難題があることは否定しがたい。

「ウェディングケーキ・モデル」という考え方

こうして人類は、将来を悲観するようになってきている。この悲観を打破していくためには、それぞれの課題に真剣に向き合っていくしかない。

8 FAO (2023)「State of Food Security and Nutrition in the World 2023」

9 Dominic Lenzi (2023)「Hope, Pessimism, and the Shape of a Just Climate Future」Ethics & International Affairs. 37 (3)

10 伊藤昌亮（２０２３）「曖昧な弱者とその敵意——弱者バッシングの背景に」調査情報デジタル

11 Pew Research Center (2022)「Spring 2022 Global Attitudes Survey」World Economic Forum (2024)「Global Risk Report 2024」

12 Max Roser & Hannah Ritchie (2018)「Optimism and Pessimism」https://ourworldindata.org/optimism-and-pessimism

さらに重要なことは、それぞれの課題をバラバラに捉えるのではなく、課題感のつながりを理解するということだ。そうでなければ、なにか一つの課題を解決しようとしても、それによって別の課題を悪化させてしまうかもしれない。こうして「ウェディングケーキ・モデル」（図表1－2）と呼ばれる概念がスウェーデンで誕生した。

ウェディングケーキ・モデルとは、世の中の状況を、「経済層」「社会層」「環境層」の3つに分類し、そのつながりを表現したものだ。まず土台に「環境層」が、真ん中に「社会層」が、最上部に「経済層」が配置されている。そして、全体が持続可能になるためには、各々の土台となる層が安定的に発展する必要があるということが示されている。

しばしば私たちは、環境、社会、経済のうち、いずれかのみに焦点を当て、対策を検討しがちだ。実際に、各々の分野の専門家は分かれており、3つすべての観点を持ち合わせて議論されることは稀だ。

例えば、GDPを上げるという「経済層」の課題に対処するため、企業の収益力を高めようと、人件費を削減したとする。すると「経済層」の状況は一時的に改善するかもしれないが、人件費を削られたことで、消費や働くモチベーションを下落させてしまう。そうなれば

図表1-2　ウェディングケーキ・モデル

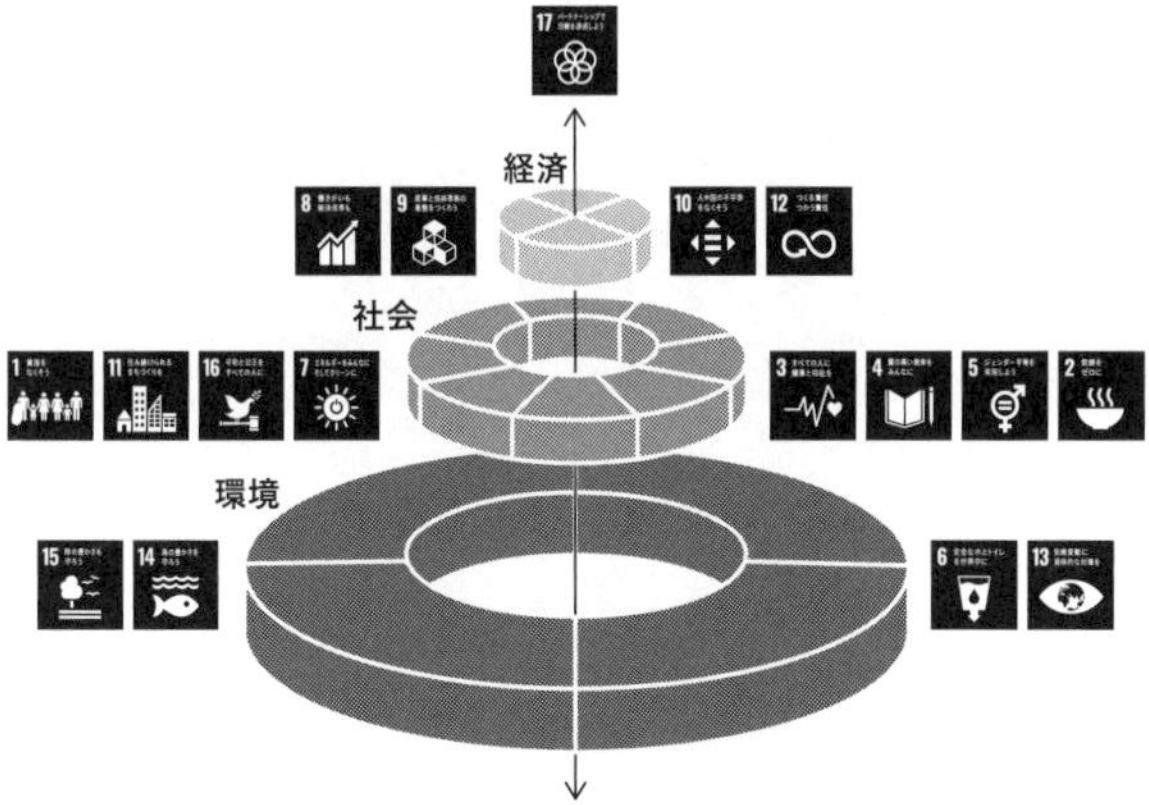

出所：Stockholm Resilience Center（2016）「The SDGs wedding cake」

「社会層」の土台が揺らぎ、結果的にGDPは上がらない。

同じことは、「社会層」と「環境層」の関係についても言える。社会課題に向き合っている人たちの中には、環境課題への関心が低い人もいる。そのため「環境課題に予算を回すぐらいなら、飢餓や貧困の対策にその予算を振り分けてほしい」という意見が出ることもある。だが、「環境層」が揺らいでいけば、自然災害の増加、食糧難の悪化を引き起こし、結果的に「社会層」は悪化していく。

ＳＤＧｓの17のゴールの相互関係

「環境層」「社会層」「経済層」の相互の関係性については、専門家の間ではすでに一定の合意がある。２０１５年に国連加盟国が全会一致で国連持続可能な開発目標（ＳＤＧｓ）を採択した。このことは、日本でもよく知られるようになり、最近では義務教育課程でも熱心に教えられている。ＳＤＧｓは、２０３０年までに達成すべき17のゴールが掲げられている。そして、その数年後に、国連に集まった15人の専門家たちは、17個のゴールの相互の関係を分析している（口絵Ｐ２・図表１－３）。

図表１－３は、各ゴールを達成するために提唱されている対策（縦軸）が、他のゴールにどのような影響を与えるか（横軸）を表現している。円グラフの大きさは相互連関性の度合いを、円グラフの青の部分はポジティブな影響を、オレンジの部分はネガティブな影響を表している。

例えばゴール１「貧困」や、ゴール２「飢餓」のために現在提唱されている対策は、「環境層」への悪影響が大きい。すなわち、現行の「社会層」の対策に関しては、「環境層」まで含めた対策を新たに考案していく必要があるということを示している。同様に、ゴール7「エネルギーアクセス」への対策でも、「環境層」を悪化させてしまう解決策があることや、飢餓や貧困に対してもポジティブとネガティブの双方の影響を与える可能性があることがわかっている。

21世紀の産業革命の必要性を否定する人は、多くの場合「環境層」に関する悲観的予測を否定する立場をとる。なかには世界を支配している一握りの支配者が不必要に不安を煽る陰謀だと考える人もいる。だが本書が示していくように、「環境層」の異変については、すでに科学的根拠が積み上がっている。科学的根拠そのものを否定することには、かなり無理がある。

ウェディングケーキ・モデルは、もともとはスウェーデンのシンクタンクで考案されたが、いまでは国際機関や各国政府、企業の間でも頻繁に用いられている。こうして、俯瞰して課題全体を理解し、対策を打つことの必要性が認識されるようになってきた。

政府よりも民間企業を信じる世界の人々

世の中に大きな課題があるときに、課題を解決する係を政府に期待することは多い。だが、そのような考え方も過去のものになろうとしている。

先日、興味深いデータが発表された。[13] 政府、企業、メディア、NGO／NPOの4つの中で、どれが信頼できるかという問いに対する回答だ。

私たちは学校で、公共機関は公益のために、民間企業は私益のために、存在していると学んできた。すなわち、政府は「みんなのために」、企業は「自分のために」活動していると教わった。メディアについても「公共的存在」と呼ばれることが多く、政府と同様に「みんなのために」存在していると教えられる。そこで、公共機関と民間企業のどちらが信頼できるかと聞かれたら、「みんなのために」活動している政府やメディアだと答えるということが、概ね既定路線になっていた。

だが、実際に行われた調査の結果はそうではなかった。2023年の調査で「次のうちどれを信頼できるか」という設問で、日本での回答は、企業が47%、NGO／NPOが38%、メディアが34%、政府が33%という結果だった。いずれも決して高い水準ではないが、それでも企業が、政府やメディアを上回っていた。いまや政府やメディアは、世間からあまり信頼されていない。それどころか、政府とメディアが「虚偽または誤解を招く情報源だ」と答えた人は45%を超えていた。

企業のほうが、政府やメディアより信頼できるという結果になったのは、2023年が初めてではない。実は毎年同じ結果が出ている。さらに興味深いことに、この調査は27カ国で実施されているのだが、先進国から新興国まで大半の国で、企業への信頼が政府やメディアを上回っている。

限界に近づく「富の再分配」とヘイトスピーチ

政府や自治体はなぜここまで信頼されなくなってしまったのだろうか。それはおそらく、政府に課題の解決役を期待したのに、実際にはそうはなっていないという失望の現れだろう。

13 Edelman（2023）「2023 Edelman Trust Barometer」

では、政府や自治体の言い分はどうだろうか。政府や自治体は、世の中の課題に対処するため、補助金を配ったり、「公共事業」や「公共サービス」を実施したりしている。とりわけ、所得の多い人から多く課税し、所得の少ない人に支給する「富の再配分」は、行政機関の重要な役割だとみなされてきた。だが、社会に溢れる課題に対処するには、財源が全く足りなくなっている。

不足している資金を、国債や地方債を発行して賄うという手段もある。国債や地方債は、民間団体（一部は日本銀行や個人）や外国の団体から資金を調達するという手法であり、返済されるという信用があって初めて調達が可能になる。評論家の中には、国債は無限に発行できると主張する人もいるが、経済学では少数派の見解だ。

この限られた政府の予算を目掛けて、弱者と弱者が争う構図が世界各地で見られるようになった。SNS上の誹謗中傷やヘイトスピーチも、そのような構図で起きていることが多い。例えば、「国内で生活している外国人を救うなら、先に俺たちを救え」「LGBTQを支援するなら、先に私たちを救え」「発展途上国を支援するなら、国内で困っている人を救え」という表現が、政府が何かしらの予算を発表するたびにSNS上で飛び交っている。

政府が公共サービスを民間企業に任せる背景

財源不足に悩まされるようになった政府や自治体は、なんとか予算をやりくりし、必要な分野の予算を確保しようとしている。しかし、予算編成が難しいと判断されると、公共サービスの民営化が検討されることになる。水道事業の民営化、ガス事業の民営化、市バス事業の民営化などが、いまでも日本各地で検討されている。国レベルでも、国立大学の独立行政法人化や、政府系金融機関の株式売却などが進められてきた。

公共サービスを民営化する動きのことを、「小さな政府」と呼ぶこともある。だが、実態としては、政府を小さくしようとしているというより、溢れる課題に対処するために肥大化する予算を、なんとか抑えようとしているにすぎない。政府は全く小さくなっていない。

政府や自治体が実施している公共サービスには、収益性こそ低いものの、社会的な意義が高いものも多い。収益性が低く政府や自治体が継続できなかった事業が、なぜ民営化によって成立すると想定されるのかというと、「お役所仕事」で無駄になっている部分が効率化され、経営改善が進むのではないかという期待があるからだ。

民営化以外にも、政府や自治体が、企業と連携して事業運営を行う「公民連携」という手段もある。いずれにしても、私たちが政府や自治体に課題への対処を期待すると同時に、政府や自治体は、事業運営の担い手として企業をあてにするようになっている。

ＳＤＧｓの担い手は政府ではなく企業？

政府が企業に課題の解決を期待するという状況は、日本だけではなく、世界中で起きている。それを象徴するのが、ＳＤＧｓが採択されたときの国連の文書だ[14]。この文書には、17のゴールだけでなく、ゴールを達成するための方法も記載されているのだが、そのことはあまり知られていない。

まず、ＳＤＧｓの達成に必要な担い手としては、「政府、市民社会、民間セクター、国連機関、その他の主体を集結させるとともに、あらゆる利用可能な資源を動員し」と書かれている。すなわち、国連で合意された文書の中に、すでに政府以外の民間企業やＮＧＯの役割が掲げられており、言い換えれば政府だけでは達成できないという考え方が反映されている。特に企業や金融機関などの「民間セクター」に対する期待は大きい。

では、達成のために必要な資金はどこから出てくるのか。それについては「公的資金は、不可欠なサービスと公共財の供給及び他の資金源を呼び込むうえできわめて重要な役割を果たす」とあり、政府の予算を呼び水に、民間の資金を引き出していくことが重要と書かれている。そのうえで、資金は「経済成長によって生み出される」[15]と記載されている、経済成長によって生み出される超過利潤や税収を財源とし、政府の公的予算を呼び水にして、民間の予算を大きく動員していこうという発想だ。反対に、経済成長ができなければ、必要な資金を用意することはできない。

ではこれらの資金を使いながら、企業には何をすることが期待されているのだろうか。その答えは、「民間企業の活動（事業）・投資・イノベーションは、生産性及び包摂的な経済成長と雇用創出を生み出していくうえでの重要な鍵である。我々は、こうした民間セクターに対し、持続可能な開発における課題解決のための創造性とイノベーションを発揮することを

14 国連総会（２０１５）「我々の世界を変革する：持続可能な開発のための２０３０アジェンダ」外務省仮訳

15 Edelman（2023）「2023 Edelman Trust Barometer」

求める」だ。つまり、事業で課題を解決しながら、多くの人を雇用し、そのうえで経済成長を成し遂げよ、ということだ。そしてその期待は、大企業だけでなく、中小企業や協同組合にも向けられている。

国連に加盟している全193カ国の政府が合意したSDGsには、政府の力だけでは達成は難しく、企業の役割が重要だという意思が明確に埋め込まれている。言い換えれば、企業が「事業で課題を解決しながら、多くの人を雇用し、そのうえで経済成長を成し遂げる」ことができなければ、「環境層」「社会層」「経済層」を持続可能にすることはできないということだ。こうして政府が企業に課題の解決役を期待するという構図は、すべての国連加盟国の共通認識になっている。

政府には、いままで以上に法人税を企業に課して、増えた税収で公共サービスを増やすという手段もないわけではない。しかし、企業が課題を生み出し、政府が課税して対策を尻拭いしていくようなやり方では、法人税率を仮に100％にしたとしても財源は足りないだろう。それよりも、企業に直接、事業を通じて課題を解決してもらうほうがよほど効率がよい。このような考え方はすでに主流となっており、21世紀の公共政策の大きな特徴とも言える。

これからの企業に求められている役割は

話はこれで終わらない。いままでは政府や自治体だけでなく、市民も企業に課題の解決役を期待するようになった。

さきほど紹介した信頼度の調査で、企業が、政府やメディアを超えて、最も信頼される存在になったことを伝えた。さらに、同じ調査には、各機関の倫理度に関する設問もあり、倫理度で政府がマイナス11だったのに対し、企業はプラス18で、ＮＧＯのプラス22に次ぐ高さだった。しかも企業の倫理度は、２０２０年にマイナス１だった状態から年々スコアを上げており、評価向上が著しい。

そもそも、市民にとって政府よりも企業は身近な存在だ。例えば、毎月１回以上、役場に行く人は公務員以外ではほとんどいないだろう。役場に行ったら行ったで、「対応が冷たい」「待ち時間が長い」「お役所仕事でたらい回しにされた」と不満を言う人も多い。公務員が日々どんな仕事をしているのかもよくわからないまま、税金だけはしっかり徴収されていく。市民は政治に選挙という形で参加しているが、選挙は数年に一度しかない。

一方、月に一度も企業に足を運ばないという人はほとんどいない。企業で働いている人はもちろんだが、コンビニ、スーパー、公共交通機関、どれも大多数は企業が運営している。地元の商店街にある老舗の店も、クリーニング店も、全部企業だ。家にいても、スマートフォンで企業が運営しているウェブサイトやアプリを使って、ニュースを見たり、ショッピングをしたり、ＳＮＳで友人や家族と連絡を取り合っている。企業が事業を突然中止してしまえば、たちまち私たちは当たり前の日常生活を送れなくなってしまう。

だからこそ、災害時に企業がいち早く開店したり、救援物資を支給したりしてくれると、企業に対して感謝の念が湧く。私たちが、日常を送れているのは、企業が毎日当たり前のことをやり続けてくれているからだ。人々の期待に毎日応えてくれている。

企業へのこうした信頼の高まりを受け、信頼度調査を実施している世界的なＰＲ会社のエデルマンは、社会を持続可能にしていくためには、「企業がリードし続けていくことが必要である。企業は最も信頼されている組織として、更に大きな期待と責任を担っている」と提唱している。もちろん政府も重要な役割を負っているため、企業は政府と協働すべきだとも提

図表1-4 企業が対処すべき課題

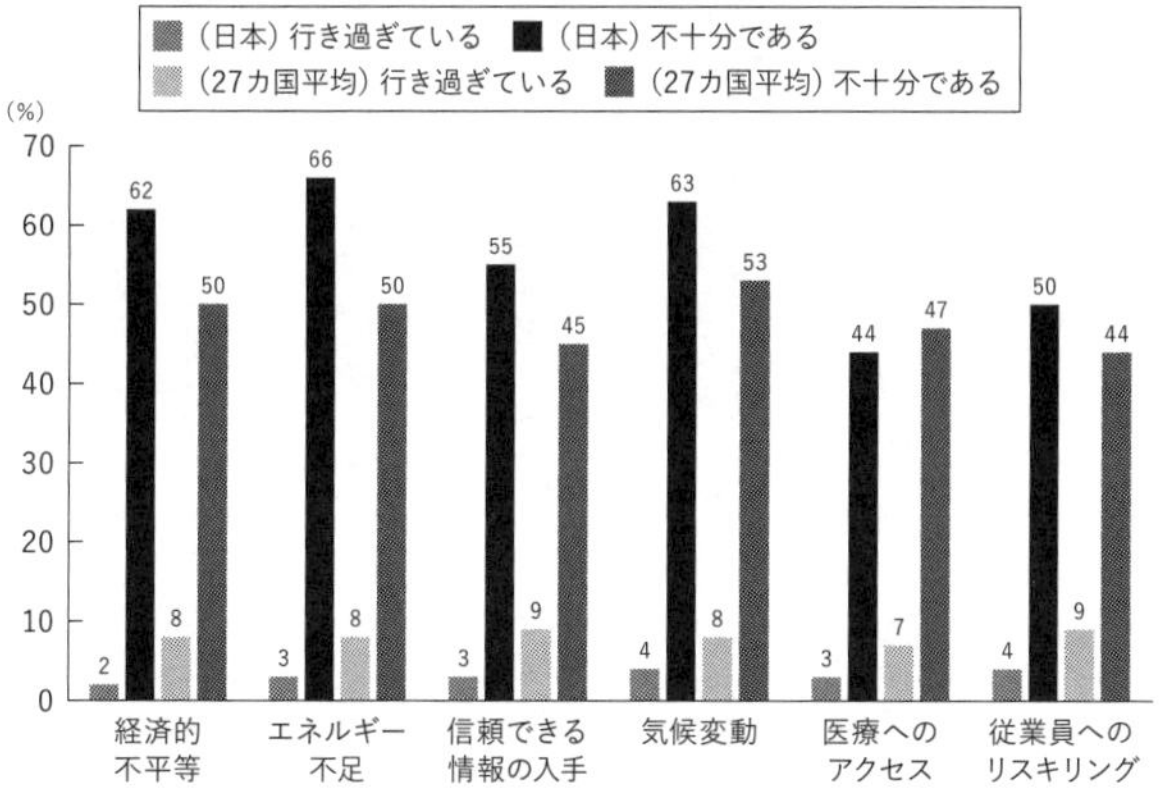

出所：Edelman（2023）「2023 Edelman Trust Barometer」

言している。さらに企業が「信頼できる情報源となり、市民的な議論を促進し、誤った情報源に対しては、その責任を追及し、是正していく必要がある」[16]とまで進言している。

では、企業は具体的にどの課題に取り組むことが期待されているのだろうか。市民を対象とした信頼度調査では、それに関する設問も用意されていた。回答の状況では、気候変動、経済的不平等、エネルギー不足、医療へのアクセス、信頼のある情報の発信、従業員のリスキリング（学び直し）の6つすべてで、「不十分である」が「行き過ぎている」を

16 前掲書

上回った[17]。世界27カ国の平均でも、日本だけの回答でも、結果は同じだった（図表1－4）。

こうして人類は、ウェディングケーキ・モデルにおける「社会層」や「環境層」の課題に対しても、企業に解決役を期待するようになった。そして、企業は「課題を解決できる事業を運営しながら、多くの人を雇用し、そのうえで経済成長を成し遂げる」ことが、社会の中で存在するための使命となった。

もちろん、課題を解決しながら、利益を出し、経済成長を牽引していくことは簡単ではない。従来の産業構造やビジネスモデルを変えていかなければならない。新たな技術開発も必要になる。こうして、21世紀の産業革命が始まることになる。

人材開発に投資しない日本

イギリス産業革命では、教育制度や人事制度の抜本的な改革が行われた。それは、産業革命前と産業革命後では、求められる人材のあり方が大幅に変化したためだ。そして莫大な人材開発に向けた投資も行われた。

同様に、21世紀の産業革命においても、社会で活躍する人に求められるスキルが大きく変わる。そして、それに応じて、「人づくり」の内容も変わっていくことになる。

しかし、日本では「人づくり」に対する投資が極めて少ないことで知られている。その背景には、戦後の日本に定着してしまった人事制度が関係している。

日本には、勤続年数に伴って給与や役職が上がる「年功序列制度」があることで有名だ。しかしこれは、年を取った人のほうが偉いからというような儒教的な考え方ではない。戦後復興と高度経済成長を支えるためには、科学的に年功序列制度が必要だったのだ。

戦前の日本にはまだ、生まれた家にひもづく身分制度が実質的に残っていた。しかし、戦後復興と経済成長の中で、身分制度に基づく人材登用では、急増する労働需要に全く追いつかなくなった。そこで、身分ではなく、仕事の能力に応じて人材登用すべきという「職能資格制度」という考え方が誕生した。職能資格制度の下では、身分に関係なく、誰もが職務経歴に応じて昇進、昇給できるようになった。

職能資格制度では、社会人は職務経験を積めば積むほど、仕事をする能力、すなわち「職

17 前掲書

能」が上がると考える。こうして年齢とともに職能が上がり、職能に応じて給与も上がるという「年功序列制度」が生み出された。

だが、産業革命と職能資格制度は相性が悪い。職能資格制度は、仕事を通じて、自然と必要なスキルが修得されるということが前提になっている。しかし、産業革命によって、必要となるスキルが大幅に変わると、日々の仕事の中では必要なスキルが修得できなくなる。こうして仕事を通じて自然とスキルが上昇していくという「職能資格制度」の前提が成り立たなくなっていく。

また、職能資格制度が定着していく中で、日本では「学習」というものも軽視されていった。なぜならば、仕事のスキルは、仕事を通じてこそ修得できるものであり、仕事以外の学習にはあまり価値がないと考えられるようになったためだ。

それを象徴するように、日本では「学習」というと、大学もしくは高校までの「お勉強」の期間と捉えられている。「社会人」という言葉には、いわゆる「お勉強」の期間が終わり、お勉強とは別の「仕事」の期間が始まるという意味合いが含まれている。そして日本では、学校での「お勉強」は社会人の役には立たないと考えられてきた。新卒採用では、一部の専門職を除き、学校で何を「お勉強」したかは重視されない。むしろ、社会人1年目には、「社会人の洗礼」と言わんばかりに、「お勉強」が役に立たないということを叩き込まれる。

こうして、日本企業では、業務を離れて研修を受ける「Ｏｆｆ−ＪＴ（Off-the-Job Training）」は軽視され、仕事をしながら業務を覚える「ＯＪＴ（On-the-Job Training）」に重きが置かれた。

だが、イギリス産業革命の例が示しているように、新たな産業革命ではＯＪＴでは太刀打ちできなくなる。日々の業務を通じて修得できるのは、古い時代の仕事の仕方であって、新しい時代のスキルを修得することはできない。すると、Ｏｆｆ−ＪＴが重要になるのだが、日本企業のＯｆｆ−ＪＴ投資額は、主要国中で最も低い水準にある。[18] さらに悪いことに、日本企業のＯｆｆ−ＪＴ投資額は、１９９０年代と比べても減少している（図表１−５）。日本企業は21世紀の産業革命をリードすることを自ら放棄しているとも言える。

18 宮川努・滝澤美帆（２０２２）「日本の人的資本投資について——人的資源価値の計測と生産性との関係を中心として」RIETI Policy Discussion Paper Series 22-P-010

図表1-5　企業の人材投資（OJT以外）の国際比較（対GDP比）

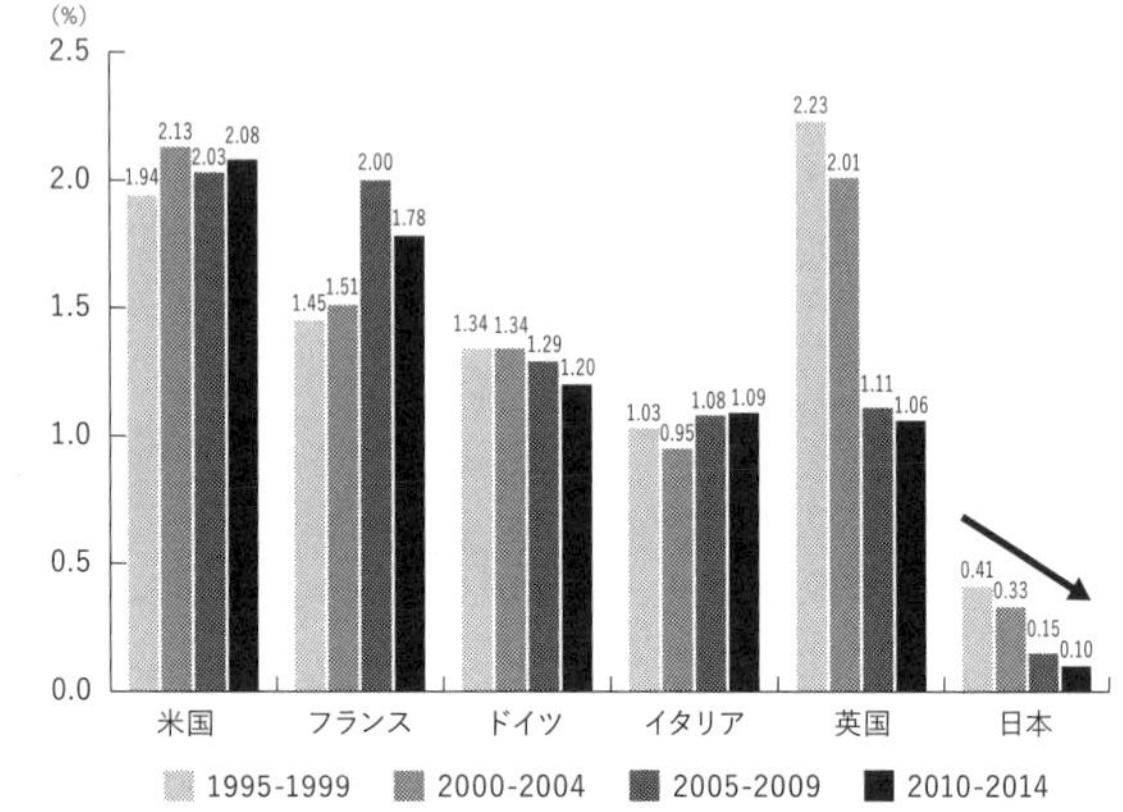

出所：内閣官房（2021）新しい資本主義実現会議（第3回）「賃金・人的資本に関するデータ集」

こうして日本で働く人たちは、職場からは「会社は学校ではない」という精神を押し付けられ、自らの力で産業革命時代に立ち向かわなければいけなくなってしまった。もちろん最近では、社内研修や社外講習を受講した従業員に給付金を支給する企業も増えた。だが、何を学ぶかは基本的に従業員の自主選択に委ねられている。今後の産業革命に必要となるスキルを、きちんと定義できている企業は、上場企業でも2割程度しかない。[19]

　では、会社からスキル開発を丸投げされた日本の人たちが、スキル開発にどの程度真剣に向き合っているかというと、状況は

図表1-6　業務外の学習・自己啓発で「とくに何も行っていない」人の割合

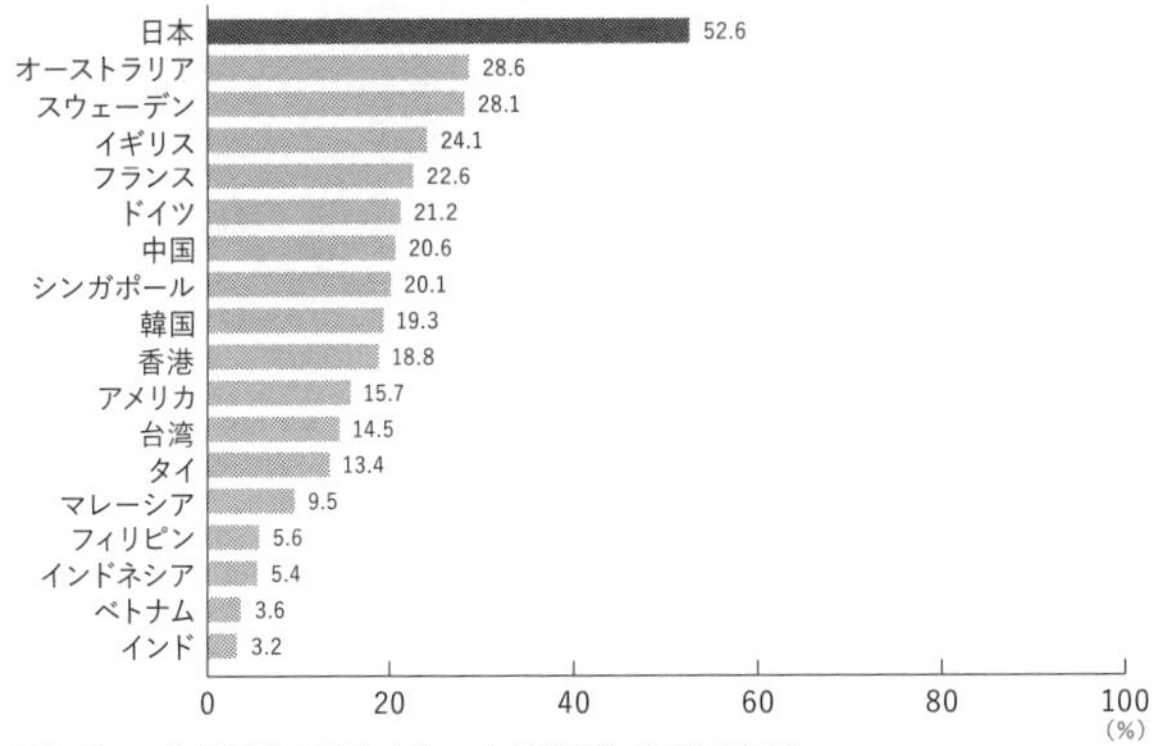

出所：パーソル総合研究所（2022）「グローバル就業実態・成長意識調査」

芳しくない。業務外で自主的に学習している日本人は非常に少ない。国際的な比較でも、「特に何も行っていない」の割合で、日本が主要国中ダントツで一番だった（図表1－6）。

21世紀の産業革命は職種12分類すべてに影響する

21世紀の産業革命で必要となるスキルに関する情報は、日本国内で圧倒的に不足している。そのため、企業も将来育成すべき

19　経済産業省（2022）「人的資本経営に関する調査 集計結果」

図表1-7　職業別就業者数（2023年）

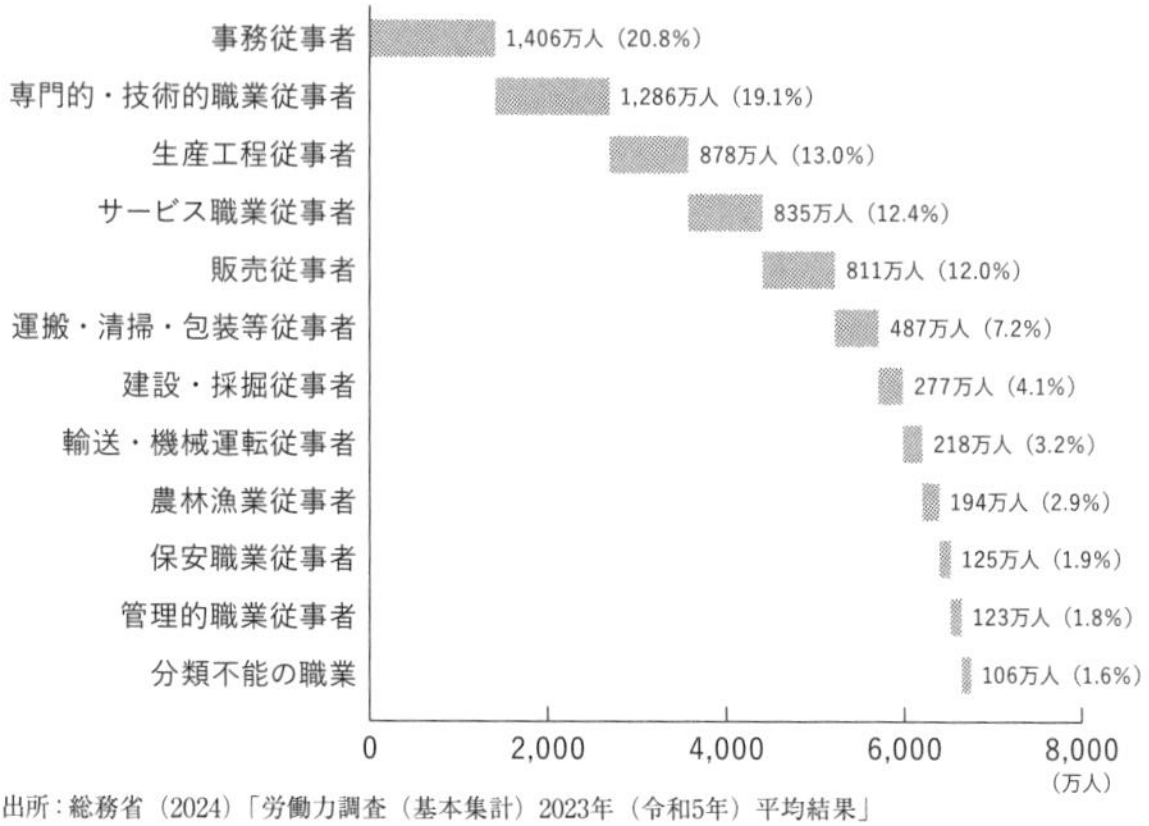

出所：総務省（2024）「労働力調査（基本集計）2023年（令和5年）平均結果」

人材要件が定義ができていない。まして、それを個々人の努力だけで見定めろというのは、無理がある。

そこで、本書では、21世紀の産業革命の仲間を職業別にみていく。日本政府は世の中の職業を11種類に大別しており、「分別不能の職業」も含めると12種類に分けられている（図表1－7）。日本で一般的にホワイトカラーと呼ばれている職種は、事務従事者、専門的・技術的職業従事者、販売従事者、管理的職業従事者で全体の約54％を占める。それ以外がブルーカラーと呼ばれる職種だ。

21世紀の産業革命は、この職種12分類すべてに影響を与える。本書では、専門的・技術的職業従事者と生産工程従事者は第2章と第5章で扱う。事務従事者、販売従事者、管理的職業従事者は第6章で扱う。農林漁業従事者は第3章と第4章で、建設・採掘従事者は第5章で扱う。残りのサービス職業従事者、運搬・清掃・包装等従事者、輸送・機械運転従業者、保安職業従事者は第7章で扱う。

第2章

気候変動対策が未来の雇用を一変させる

カーボンニュートラルとエネルギー革命

1　気候変動の現在

気候変動という「環境層」の課題

「環境層」が抱える課題のうち、日本でも多くの人に知られるようになったのが、気候変動だ。そして、気候変動の課題認識は、科学の進化とともに高まってきた。

１９９０年に世界の科学者が集まり、「ＩＰＣＣ第１次評価報告書」という科学報告書が発表されたとき、気候変動の原因が、人間の活動によるものなのか、単なる自然の変化によるものなのかは、まだはっきりとしていなかった。そのため、当時は、気候変動の原因に関して諸説入り乱れるという状況だった。

だが、時が経つにつれ、科学研究が進み、データや知見が蓄積された。そして気候変動の因果関係も特定されていった。科学者たちは、１９９５年に発行したＩＰＣＣ第２次評価報告書、２００１年に発行した第３次評価報告書と版を重ねるとともに、気候変動は人間が経済・社会活動を通じて排出している温室効果ガスによって引き起こされているということを突きとめていった。そして14年に発行されたＩＰＣＣ第５次評価報告書では、気候変動の原因が人間の経済・社会活動による温室効果ガス排出によるものである確率が95％以上と報告され、そして21年に発行されたＩＰＣＣ第６次評価報告書では、ついに「疑う余地がない」となった。

温室効果ガスはどこから出ているのか

温室効果ガスには、二酸化炭素の他に、メタン、一酸化二窒素、フロン類がある。温室効果ガスの世界全体の排出量は年間で約50ギガトン（ギガトンはトンの10億倍）。そのうち、エネルギー消費によるものが73・２％、農地・森林に由来するものが18・４％、工業プロセス由来が５・２％、廃棄物由来が３・２％を占めている（図表２－１）。

温室効果ガス排出の大半を占めるエネルギー消費は、イギリス産業革命が原因となって著しく増えた。水力、そして石炭を動力源とした蒸気機関が発明されたことで、大量のエネルギーが供給され、近代経済発展を支えていった。そして、産業革命は、世界中に広がった。

図表2-1　世界の温室効果ガスの排出源（2016年）

排出源		内訳	
エネルギー消費	73.2%	工場	24.2%
		輸送（陸・海・空）	16.2%
		住宅・ビル	17.5%
		その他燃料	7.8%
		漏出	5.8%
		農林水産業	1.7%
農地・森林	18.4%	畜産排泄物	5.8%
		肥料	4.1%
		作物燃焼	3.5%
		森林伐採	2.2%
		開墾	1.4%
		稲わらメタン	1.3%
		草原消失	0.1%
工業プロセス	5.2%	化学	3.0%
		セメント	2.2%
廃棄物	3.2%	埋立	1.9%
		廃水	1.3%
合計	100.0%	合計	100.0%

出所：Climate Watch（2020）

燃料も石炭だけでなく、20世紀からは石油や天然ガスを含めた化石燃料全体へと拡大した。化石燃料由来のエネルギーの消費量は1850年には569TWhだったが、2022年には13万7237TWhへと240倍以上にまで膨れ上がった。

人類史上初めて国別の温室効果ガスの削減目標が定められた京都議定書が1997年に採択されたとき、日本の義務削減目標は「1990年比6％減」だった。6％減であれば、全員で取り組む必要はなく、排出量が極めて多い一部の大企業だけが削減すれば、達成できそうな水準だった。そのため、当時、中小企業は蚊帳の外にあり、特に工場のない企業にとってはほぼ無関係の話だった。

あらゆる企業でカーボンニュートラル

しかし2015年に採択されたパリ協定では、目標は大幅に引き上げられた。世界全体で、2050年までにカーボンニュートラル、すなわち人間の経済・社会活動が排出する量と、大気中から吸収する量のプラスマイナスでゼロを目指すことが決まった。中間目標は各国政府が自主的に設定して提出するというルールになっており、日本政府は「2030年までに2013年比46％減」という目標を掲げ、国連に提出した。京都議定書の時代の1990年比6％減と、パリ協定の時代の2013年比46％減（＝1990年比40％減）は、雲泥の差だ。

繰り返しだが、2050年にカーボンニュートラルを目指すことを、すべての国連加盟国が合意している。すなわち、先進国の大企業だけでなく、発展途上国の中小企業でも、貧しい家庭でも、ありとあらゆる排出源で、排出量を極限まで削減するということに合意しているということだ。

温室効果ガス排出量を削減するという話題になると、「個々人でできる努力には何があるか」という話になりがちだが、残念なことに個々人でできることはたかが知れている。国際機関は、二酸化炭素の排出量をゼロにするための策を包括的に分析しているのだが、個々人の行動の変化で削減できる割合はたかだか数%しかなかった。[1]

残りの90%以上は、電気やガス、ガソリン、製品原料、農作物原料を生産する際に出ている排出量を、企業が産業革命によって新たな技術を開発しゼロにしていくしかない。それ以外に達成の道はないということだ。こうして、中小企業も含めて、産業のカーボンニュートラル化という巨大な産業革命を起こしながら事業を継続していくことが世界の共通目標となった。

余談だが、二酸化炭素は人間の呼吸からも出ている。そのため、カーボンニュートラルを実現するには、全人類が、場合によっては全生物も含めて、絶滅する以外に道はないのではないかという人もいる。確かに人間の呼吸によって排出される二酸化炭素は、食物として体内に摂取した有機物を分解し、エネルギーを取り出す過程で排出されているものだ。しかし、その有機物の起源を辿ると、植物が光合成で大気中の二酸化炭素を吸収したというところに行き着く。つまり、人間の呼吸の分は、排出分ともともとの吸収分が釣り合っており、そもそもカーボンニュートラルが成立している。[2]

火力発電から再エネ・原子力への転換

温室効果ガスを排出しているエネルギー消費には、ガスやガソリン、ジェット燃料、船舶重油などもあるが、最も多いのは電気だ。私たちは、一昔前まで、電気といえば、「火力、水力、原子力をバランスよく」と言っていた。しかし、2000年頃に「脱ダム宣言」を主張する県知事が登場し始め、大型の水力発電がもたらす生態系や地域社会の破壊にも関心が寄せられ始めた。さらに11年の東日本大震災で福島第一原子力発電所事故が発生したことを受

1 International Energy Agency (2023)「Net Zero Roadmap: A Global Pathway to Keep the 1.5°C Goal in Reach - 2023 Update」

2 国立環境研究所 地球環境研究センター（2023）「呼吸で大気中の二酸化炭素が増加する？」https://www.cger.nies.go.jp/ja/library/qa/26/26-1/qa_26-1-j.html

け、原子力発電所がすべて稼働停止するという事態にもなった。原子力発電の安全性をめぐる議論はいまも続いている。

日本政府は東日本大震災前の2005年に決定した「原子力政策大綱」の中で、「2030年以後も総発電電力量の30~40%程度という現在の水準程度か、それ以上の供給割合を原子力発電が担うことを目指すことが適切である」と掲げ、新規の発電所の建設を着実に進めようとしていた。しかし、原発事故によって頓挫した。

続いて、気候変動を引き起こしている火力発電へのバッシングも始まった。日本の火力発電の燃料は主に石炭と天然ガスなのだが、諸外国でもその傾向は同じだ。石油を火力発電の主な燃料にしている国は、一部の産油国ぐらいしかない。

特に石炭に関しては、天然ガスや石油よりも温室効果ガス排出量が多く、真っ先に廃止すべき燃料と認識されるようになった。日本政府はすでに、「削減努力のない石炭火力発電所」、つまり、排気ガスから二酸化炭素を吸収する特殊な装置がついていない発電所や、発電所の燃料を石炭から低炭素燃料に転換していない発電所を国内で新設しないことを決めている。

問題は石炭だけにとどまらず、石油や天然ガスにも波及してきている。２０２３年12月の国連気候変動枠組条約第28回締約国会議（ＣＯＰ28）では、「化石燃料からの脱却（Transitioning away from fossil fuels）」に全加盟国が合意し、「化石燃料時代の終わりの始まり」とも言われるようになった。

原子力発電については、賛成派と反対派の対立がいまでも続いている。一方、全く新しい原子力発電手法を追求する動きもある。それが「核融合型」原子力発電で、過去にはアニメや漫画の世界の夢物語として扱われてきた技術だ。核融合型原子力発電は、物理学の原理上、原子力発電のリスクの象徴だった「メルトダウン」を起こすことがなく、安全性が高いと期待されている。すでに核融合の初期研究に成功したスタートアップ企業が、アメリカやイギリスなどに誕生してきており、日本を含めた先進国では、政府が核融合の研究開発に莫大な公費をつぎ込むようにもなった。

こうして、私たちが学校で学んできた「火力、水力、原子力をバランスよく」が、過去のものとなった。その一方で存在感を増してきたのが、太陽光発電や風力発電に代表される再生可能エネルギーだ。他にも地熱発電や小型水力発電、バイオマス発電があり、さらには潮力発電や波力発電などの新たな技術に関しても研究開発が進められている。

再生可能エネルギーは、天候などの条件によって発電量が変動するため、既存の電力よりもコントロールが難しい。そこでバッテリーを発電所に併設して電力の供給量を調整したり、電力需要の予測能力を高めながら送配電網の空き状況を高度に調整したりするテクノロジーが同時に必要となる。そのうえ、再生可能エネルギー発電所やバッテリーを生産するために必要な天然資源の需要も増えていくことになる（第5章で詳述する）。

迫られる化石燃料からの転換

電気以外のガソリンやガス、重油、ジェット燃料についても、カーボンニュートラルを実現するためには、化石燃料以外の燃料を用いるか、動力源を電気に変える「電化」を行うかのいずれかの選択が迫られていく。同じく、化石燃料を燃やしてエネルギーを得ている各工場でも、化石燃料以外の燃料を用いるか、動力源を電気に変える「電化」を行うことが求められるようになる。

特に、鉄鋼やセメントの工場では、エネルギー源以外の用途でも、原料の化学変化を起こための材料として、化学燃料が用いられている。そしてその副生物としてさらに多くの温室効果ガスを排出している。原料加工からの排出量をゼロにするためには、新しい製造方法を開発しなければならない。[3]

さらに別の方法として、温室効果ガスが工場から大気中へ放出される前に回収してしまう手法（これを「炭素回収」という）や、大気中から直接的に温室効果ガスを除去する手法（これを「直接空気回収（ＤＡＣ）」という）にも期待が集まっている。

カーボンニュートラルの観点からは、温室効果ガス排出量の多い業種で、大規模な産業革命が必要となる。このように産業革命が不可欠な業種のことを「高排出セクター」と呼ぶ。高排出セクターには、石油・ガス、石炭、鉄鋼、セメント、アルミニウム、石油化学、運輸・輸送、建設・不動産、農業がある（農業に関しては第3章と第4章で詳述する）。

3　夫馬賢治（２０２１）『超入門カーボンニュートラル』講談社＋α新書

2　気候変動対策はＧＤＰを上げる？

気候変動対策で社会は豊かになるのか

気候変動対策を行い「環境層」を改善することは、「社会層」にどのような影響を与えるだろうか。産業革命によって、多くの人の仕事の内容が変化を余儀なくされるということは、人間社会にとってはマイナスの影響だろう。だが雇用への影響だけでなく、他の「社会層」への影響までを含めて多角的に分析すると、違った結論となる（口絵P3・図表2－2）。

気候変動には、そもそも、温室効果ガス排出量を削減して気候変動を抑制する「気候変動緩和」と、上昇した分の気温に社会や産業を適応させる「気候変動適応」の2つの対策があり、双方の対策が必要とされている。**いま計画されているカーボンニュートラル**[4]**がたとえ世界全体で達成できたとしても、2100年までに世界の平均気温が産業革命前と比べて1・5℃は上昇する**と見通されている。そのため、気候変動を緩和するだけでなく、同時に**気温**

の上昇を見越した社会の適応が不可欠になるというわけだ。

1・5℃上昇と聞くと、微々たる変化に思うかもしれないが、自然界にとっては大きな変化だ。1・5℃の上昇でも、自然災害の激甚化、降水パターンの変化、農作物の生産量の変化などが予見されている。他にも、サッカーJリーグはすでに、夏の暑さで選手のパフォーマンスが落ちていることも理由の一つとし、夏の試合数を減らすため、シーズンを「春秋制」から「秋春制」に変えることを決定している。真夏の炎天下に甲子園で高校野球をやっている場合かという意見も出始めている。

これらを踏まえて、科学者が分析した結果が口絵P3の図表2－2だ。SDGsの17のゴールのうち、現在想定されている気候変動対策が、他の16のゴールにどのような影響を与えるかが示されている。棒グラフの青の箇所が良い影響、オレンジの箇所が悪い影響だ。例えば、発電を再生可能エネルギーに転換した場合、発電所や送電網の開発コストが短期的には電力コストを押し上げるため、貧困（ゴール1）や飢餓（ゴール2）の状態を悪化させる

4 気候変動の分野では、「産業革命」を1850年から1900年までと定義している。

リスクがある。その半面、緩和をしなければ、自然災害の被害が甚大化し、貧困や飢餓が増えるリスクもある。

この分析によってわかったことは、オレンジよりも青の面積がはるかに大きいということだ。つまり、気候変動対策を実施したほうが、「社会層」へのプラスの影響が大きいという結果だった。ＳＤＧｓの一つのゴールへの対策が、他のゴールにも相乗的に良い効果をもたらすことを「コベネフィット（Co-Benefit）」というが、気候変動対策はとりわけコベネフィットが大きい分野だ。また、悪影響を示す「オレンジ」の部分に関しても、政策や追加の対策で減らすことができると見込まれている。

気候変動対策で世界のGDPは上昇する

では、気候変動対策という「環境層」の改善は、最上層の「経済層」にもプラスの影響を与えるのだろうか。答えは「イエス」だ。この点についてもすでに国際通貨基金（ＩＭＦ）が分析結果を発表している（図表２－３）。

ＩＭＦは、カーボンニュートラルを達成するために必要となる対策コストの増加がもたら

図表2-3　2050年カーボンニュートラルを達成した場合の世界GDP影響ポテンシャル

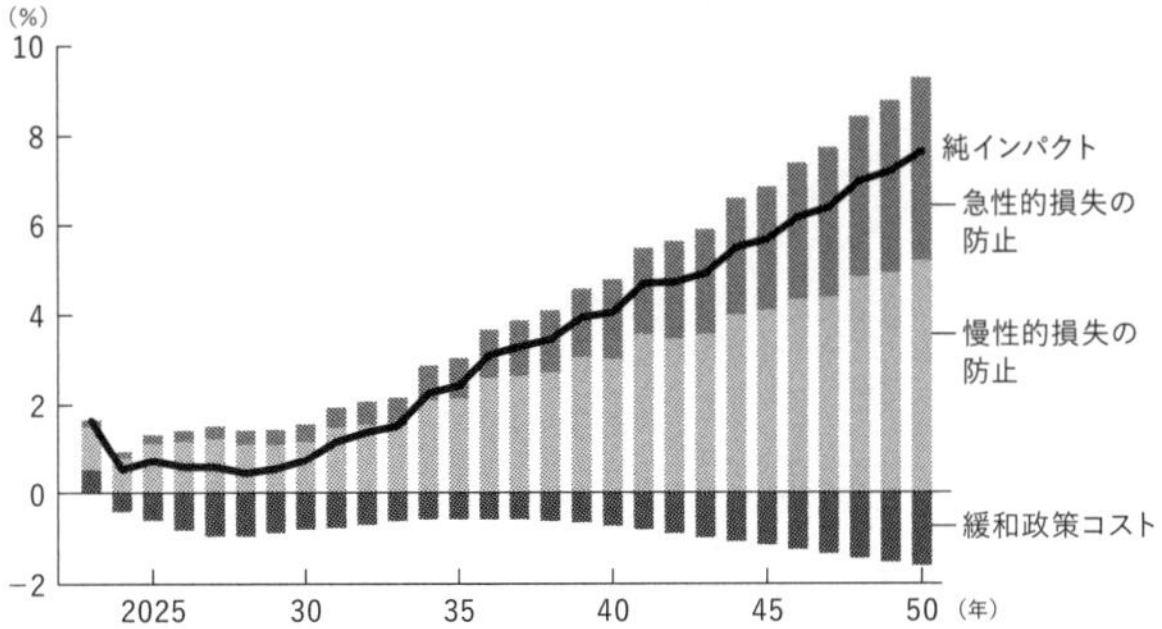

出所：IMF（2023）「Benefits of Accelerating the Climate Transition Outweigh the Costs」https://www.imf.org/en/Blogs/Articles/2023/12/05/benefits-of-accelerating-the-climate-transition-outweigh-the-costs

すＧＤＰ押下げ効果と、気候変動による経済損失を未然に防止できるＧＤＰ押上げ効果の双方を、定量的に比較した。そして、経済損失については２つの側面を考慮した。まず、台風や豪雨、干ばつなどによって実際に大きな物理的な損害が出る「急性的損失」。もう一つが、気温が上昇することで作物が育ちにくくなったり、仕事の効率が落ちたりする「慢性的損失」。これらを総合して分析した結果、２０５０年にはコスト増によるＧＤＰ押下げ効果が１・62％、経済損失防止によるＧＤＰ押上げ効果が９・26％で、合計すると

5　前掲書

7・64％のGDP増となった。

気候変動を放置すると、所得6割減少の可能性も

気候変動を放置した場合、労働者の所得が世界平均で6割以上も減少するという研究結果もある。[6] 所得が大幅に減少する要因は、労働生産性の低下、農業生産性の低下、疾病の増加、自然災害による打撃などによるものだ。すでにいま、急速なインフレが世界中の人々の生活を苦しめているが、このままの状態を放置すれば、世界の食糧需給はさらに悪化し、インフレは深刻化し、生活はますます苦しくなっていく。

カーボンニュートラルに向けた政策の劇的転換や、企業の大幅な事業転換は、日本でも海外でも進められている。その背景には、ここまで紹介したように、信頼性の高い機関から社会や経済に与える包括的な予測結果があることが大きな裏付けとなっている。過去10年間で、国際的な共通認識が形成されていることが背景となり、これほどまでに大胆な転換が進行しているのだ。

日本でも2020年に当時の菅義偉首相が「成長戦略の柱に経済と環境の好循環を掲げ

て、グリーン社会の実現に最大限注力」「2050年カーボンニュートラル、脱炭素社会の実現を目指すことを、ここに宣言いたします」と発表し、カーボンニュートラルの動きが一斉に始まった。[7] なぜ「経済と環境の好循環」が可能なのかということが、未だに日本社会では理解されていないようにも感じるが、ここまで読み進めてきた読者の皆さんにはおわかりいただけるのではないだろうか。

6 Kotz, M., Levermann, A. & Wenz, L. (2024)「The economic commitment of climate change」*Nature* 628, 551-557

7 詳しい経緯は、前掲の夫馬賢治『超入門カーボンニュートラル』（講談社+α新書）を読んでいただきたい。

3　エネルギー革命で失われていく仕事・生まれる仕事

影響を受けるのは電力関係、自動車関係の雇用者

エネルギー革命による雇用影響を大きく受けるのは、電力・エネルギー関連の企業と自動車等輸送機器のメーカーで働いているエンジニア及び生産・作業現場の人たちだ。

日本では、「電力・ガス・熱供給・水道」の業種には30万人が勤務しており、そのうちエンジニア職（専門的・技術的職業従事者）が5万人、生産工程従事者が1万人いる。また、輸送機器関連メーカーには135万人が勤務しており、そのうちエンジニア職（専門的・技術的職業従事者）が20万人、生産工程従事者が80万人いる。合計すると日本では106万人が影響を受ける対象となる。こうして見ると、電力・エネルギー関連企業よりも、輸送機器関連メーカーのほうが雇用影響がはるかに大きい。

エネルギー革命が雇用に与える影響に関する研究は、海外のほうが進んでいる。まず、エ

図表2-4　カーボンニュートラルでの2022年から2030年の世界の雇用変化

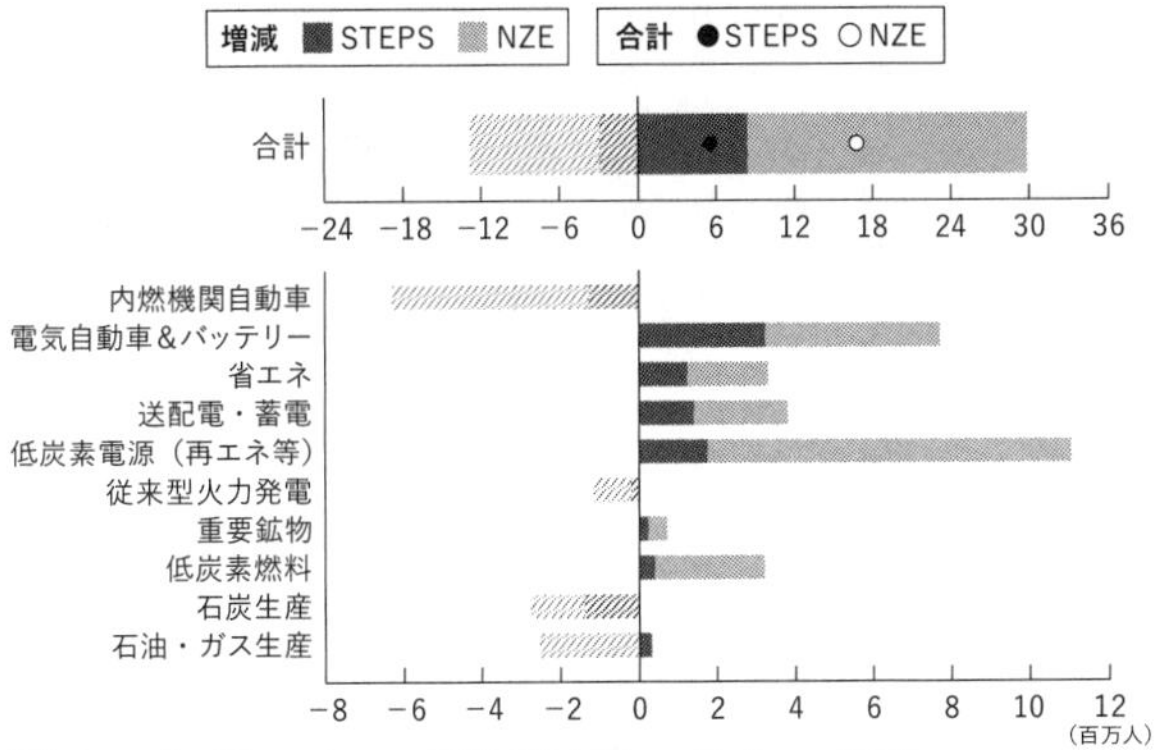

出所：International Energy Agency（2023）「World Energy Employment 2023」

ネルギー革命で、世界全体の雇用は増えるのか、それとも減るのか。エネルギー問題を所管する国際機関の国際エネルギー機関（IEA）が出した結論は「雇用は増える」だ。[8]

図表２－４はエネルギー革命による雇用数の増減を表している。棒グラフが２つあるが、薄いグレーの棒は「NZEシナリオ」といって、２１００年までに気温上昇を１・５℃に止められるよう、早くから本格的な削減を開始して、２０５０年にカーボンニュー

8　International Energy Agency（2023）「World Energy Employment 2023」

トラルを達成する理想のシナリオのケースだ。濃いグレーの棒は「ＳＴＥＰＳシナリオ」といって、抜本的な削減には至らず、現在各国政府が宣言している水準でカーボンニュートラルを進めるというシナリオのケースだ。

ちなみに、ＳＴＥＰＳシナリオでは２１００年までに気温が２・１℃上昇する予測となり[9]、パリ協定を達成することはできない。それでも、何もしなければ気温は４・５℃上昇すると予測されていることを考えると、はるかにましだ。

そして、国際エネルギー機関の予測では、ＮＺＥシナリオとＳＴＥＰＳシナリオのいずれの場合でも雇用数が増えるという結果が導かれた。ＮＺＥシナリオでは約１８００万人増、ＳＴＥＰＳシナリオでは約６００万人増となり、気候変動対策を大きく進めるＮＺＥシナリオのほうが雇用増が大きくなる。

もちろん、業種ごとに受ける影響は違う。理想のシナリオであるＮＺＥシナリオでは、再生可能エネルギーに代表される「低炭素電源」の分野で、２０３０年までに約１１００万人分雇用が増える。現在発電に係る世界の雇用数は１１３０万人なので、単純計算で発電に係る仕事が倍増する。新たに増える仕事には、再生可能エネルギー設備の製造、設置やメンテナンスなどがある。

同様にバイオ燃料や水素、アンモニアなどの新たな「低炭素燃料」の分野でも、300万人強雇用が増える。自動車業界では、電気自動車やEVバッテリーの関連で800万人弱雇用が増える。

2030年までに従来の自動車産業の雇用は半分失われる

反対に、大幅に減っていくのが、ガソリンやディーゼルを燃料とする内燃機関自動車関連の雇用だ。2030年までに約600万人もの雇用がなくなる。現在、世界全体の自動車産業（部品産業も含む）の雇用全体が約1200万人と推計されているので、2030年までに自動車産業の雇用の約半数が影響を受ける。

他にもなくなっていく雇用は、火力発電関連で100万人、石炭生産と石油・ガス生産で概ね200万人から300万人と推計されている。化石燃料関連全体の影響をまとめると、

9 Climate Action Tracker（2023）「Temperatures」https://climateactiontracker.org/global/temperatures/

火力発電では3分の1、石炭生産では約半数、石油・ガス生産では約4分の1の雇用が2030年までになくなっていく。

これらの雇用の増減を、世界の地域別にみると、内燃機関自動車産業と化石燃料生産業に従事している人が多い国で、雇用が大幅に減少すると予想されている。内燃機関自動車は、日米欧の先進国で従事者が多く、このままいくと日米欧では大量に雇用が失われる。

半面、電気自動車やバッテリー産業は、内燃機関自動車で失われる雇用以上の新規雇用増が予想されており、早期にこれらの産業を育成できるかが、国内の雇用政策にとっても大きなカギを握る。当然、自動車産業での立国を狙う中国などの新興国でも、電気自動車やバッテリーを自国の産業の柱にしようと躍起になっている。雇用をめぐる競争は、先進国間だけでなく、先進国と新興国の間でも熾烈になっていく。

化石燃料生産業で減少が大きくなる地域は、中東やアフリカだ。アメリカでも化石燃料関連の雇用は多く、雇用消失のリスクは高いが、一方でアメリカは再生可能エネルギーのポテンシャルも大きい。そのため、再生可能エネルギー分野での雇用創出が減少分を相殺したうえで、新規雇用をさらに大幅に創出していくとみられている。

このように国内の再生可能エネルギーポテンシャルが高い国では、新規雇用を生み出していく力が強い。反対に再生可能エネルギー意欲の低い国では、雇用が減っていく。

再エネやEVへの転換は賃金を引き下げるリスク

雇用の影響を検討する際には、雇用数という量の話だけでなく、「賃金」という質の話も重要だ。次に賃金への影響をみていこう。

石油・ガス生産や内燃機関の分野は、高度な技術を要するため、もともと給与水準の高い仕事が多い。例えば、大卒資格を必須とする雇用割合は、原子力発電で53%、石油・ガス生産で46%と比較的高いが、太陽光発電では34%にまで下がる。[10] 大卒資格を必要とする仕事は、研究開発や設計等のホワイトカラーの職種に多い。一方、必要としない仕事は、工場労働者や保守業務に携わる人に多い。

発電所の建設に関わる技術者についても同じことが言える。火力発電や原子力発電のプラ

10 前掲書

ントエンジニアは、太陽光発電の施工管理の仕事に比べて、給与水準が高い傾向にある。[11] 今後新設される発電所が、火力発電から再生可能エネルギーに移行していくと、給与水準の高い仕事が減っていく可能性が高い。

ＥＶ関連では、雇用に与える影響はやや複雑になる。ＥＶは、内燃機関自動車よりも部品点数が少なく、構造もシンプルなため、研究開発や製品設計に関する仕事の数は減少する見込みだ。一方、ＥＶの車両設計者は、経験者が少なく、需要に対して供給が追いついていない状況だ。そのため、車両や部品の設計者については、内燃機関自動車よりもＥＶのほうが、給与が上がる可能性もある。

工場労働者に関しては、ＥＶのほうが生産ライン完成からの年数が短いため、経験の浅い人が多い。そのため全体的に給与水準が下がる傾向にある。実際に、アメリカでは２０２３年9月15日に、全米自動車労働組合（ＵＡＷ）が大規模なストライキを起こしたが、その際に、ＥＶやＥＶバッテリーの工場で働く工場労働者の給与水準の引き上げも争点となった。

このストライキは、フォード、ゼネラル・モーターズ（ＧＭ）、ステランティス（クライスラーとフィアットが合併）の自動車大手3社に対し、過去数十年で最大規模のストライキとなった。もともとの要求事項は、3社のＣＥＯの給与が過去4年間で約40％も上昇しているのに対し、工場労働者の給与はほとんど上がっておらず、従業員平均で約40％の昇給を求めるというものだった。それに加えて、既存の内燃機関自動車の工場では、労働条件や福利厚生である程度の待遇が保証されているのに、他社と合弁で設立したＥＶ工場やバッテリー工場は待遇が低く、同条件での待遇を求めるという要求も盛り込まれていた。

ＵＡＷのストライキは、労働組合側のほぼ全面勝利となり約20％の賃上げで合意。ストライキは2023年10月30日に収束した。

11 前掲書

4　すでに動き出したエネルギー革命

再エネやEVで生まれる雇用に就ける人材とは

ＥＶや再生可能エネルギーの産業振興は、いまやヨーロッパ諸国だけでなく、アメリカ、カナダ、韓国、中国、東南アジア諸国連合（ＡＳＥＡＮ）、インドなどの地域でも積極的に展開されている。

例えば、アメリカのバイデン政権は、２０２１年11月にインフラ投資・雇用法、22年8月にインフレ抑制法を連邦議会で成立させた。インフラ投資・雇用法は、今後5年間で新規で５５００億ドル（約63兆円）の財政出動を行い、そのうち７３０億ドル（約8兆円）を再生可能エネルギー、原子力発電（新型含む）、送配電網整備に、73億ドル（約８０００億円）をＥＶ充電ステーション整備に投入することを決めた。

インフレ抑制法では、総額４９９０億ドル（約67兆円）の新規財政出動のうち、気候変動対策に大半の3910億ドル（約53兆円）を投入。そのうち1280億ドル（約17兆円）を再生可能エネルギーと送配電網整備に、300億ドル（約4兆円）を原子力発電に、120億ドル（約1・6兆円）をEV購入補助金に充てた。

それに加えて、雇用の量だけでなく、質を向上させる政策も同時に進めている。[12] 例えば、これらの補助金を受け取るためには、周辺地域で雇用されている労働者の給与や福利厚生と同等以上の処遇をすることを義務付けた。また、補助金を受け取る企業に対し、新たに手に職をつける「見習い実習生」を一定程度雇用することも義務付けた。さらに製品をアメリカ国内で組み立てることや、調達する部品をアメリカ製にする要件も設けた。こうして、アメリカ国内で質と量の双方の観点から雇用の状況を改善する工夫が展開されている。

では、再生可能エネルギーやEVで生まれる雇用に就ける人はどのような人なのだろうか。例えば、バイデン政権が打ち出しているインフレ抑制法が創出する雇用は、2030年

12 Center for American Progress（2022）「The Inflation Reduction Act Provides Pathways to High-Quality Jobs」https://www.americanprogress.org/article/the-inflation-reduction-act-provides-pathways-to-high-quality-jobs/

までに150万人以上と見通されており、[13] そのうち建設・保守労働者と工場労働者が大半を占める。[14] 残りが研究開発やエンジニア関連の職だ。

一般的には、石油・ガス生産や内燃機関自動車の分野に従事している人が、横滑りしてこれらの職に移ることが想定されている。だが、新たに生まれる再生可能エネルギーやEVなどでの産業では、従来の高スキルを要する仕事よりも給与水準が下がりやすい傾向にある。そのため、研究開発、設計、工場労働者のすべての職種で、給与を下げてまでも新しい職に移ろうという人は多くはないかもしれない。そこで着目されているのが、エネルギー以外の業種からのスキルアップによる転職だ。

例えば、太陽光発電の設置作業員は、通常の屋根工事作業員や、電気設備作業員よりも給与が40%も高いというデータがある。[15] またアメリカでは、エネルギー業種は、他業種に比べ昇給率が高く、他業種の人にとっても魅力的な職場になっているという調査結果もある。[16] こうして、エネルギー業種以外の低所得者にスキルを身につけてもらい、新たに創出される雇用の担い手になってもらうということが労働政策の本丸として位置づけられている。

石油・ガスや自動車産業に携わる若手はどうすべきか

では、石油・ガスや内燃機関自動車の仕事に現在従事している人はどうすればよいのだろうか。重要な点は、年齢によって受ける影響が異なるということだ。仕事が減っていくと言っても、急にすべての仕事がなくなるわけではない。一般的に雇用の分野では、高齢で引退する人が徐々に発生する「自然減」というものがある。高齢の従業員に関しては、スキル転換のハードルが高いこともあり、定年まで現在の仕事を続けてもらい、自然減をしていく

13 The White House（2023）「FACT SHEET: One Year In, President Biden's Inflation Reduction Act is Driving Historic Climate Action and Investing in America to Create Good Paying Jobs and Reduce Costs」https://www.whitehouse.gov/briefing-room/statements-releases/2023/08/16/fact-sheet-one-year-in-president-bidens-inflation-reduction-act-is-driving-historic-climate-action-and-investing-in-america-to-create-good-paying-jobs-and-reduce-costs/
14 Energy Futures Initiative & AFL-CIO（2022）「Inflation Reduction Act Analysis: Key Findings on Jobs, Inflation, and GDP」
15 International Energy Agency（2023）「World Energy Employment 2023」
16 前掲書

ことが理想だ。例えば、その仕事があと15年間はなくならないのであれば、定年が65歳と仮定すると、現在50歳以上の人は定年まで現状の仕事が続けられることになる。

日本の電力市場に関する研究では、再生可能エネルギーへの転換を進めることで、特に再生可能エネルギーのポテンシャルの大きい北海道や東北地方で多くの雇用が生まれると予想されている。北海道や東北地方は、これまで雇用創出で大きな課題を抱えていた地域であり、これは朗報と言える。半面、火力発電所や原子力発電所での新規採用をいままでのペースで２０２５年まで継続した場合、従業員の自然減では余剰人員が出てしまう計算となる。そのため、早期に見通しを立て、新規採用を抑えていく雇用政策が推奨されている。[17]

これらの業界にいる若手や中堅の人たちは、給与水準を下げたくないのであれば、別の業種への転職を検討する必要も出てくるだろう。特に中堅の人たちにとっては、せっかく習得したスキルを手放す怖さもあるかもしれない。しかし、先を見越して、いまのうちから準備しておくことが賢明な選択だ。

17 栗山昭久（２０１９）「日本の電力部門の脱炭素化に向けた公正な移行は可能か？」

第3章

農林水産業は新たな産業革命の第2の震源地

カーボンニュートラルと農業・畜産業・水産業

1 「環境層」の破壊が真っ先に影響する産業

エネルギーや重工業と並んで21世紀の産業革命のもう一つの震源地と言われている分野が農林水産業だ。農林水産業は、産業そのものが「環境層」に大きく依存しており、「環境層」が破壊されていくと真っ先に多大な悪影響が出る。それと同時に、農林水産業自身も「環境層」を破壊する側にあり、自分で自分の首を絞めてしまっている。

世界の飢餓人口は増加している

まずは農林水産業や食品産業を取り巻く「社会層」の状況をみていこう。世界には現在、飢餓に苦しんでいる人が約7億人いる。世界の総人口は2023年に80億人を突破したので、約9%が飢餓に苦しんでいるという計算になる。[1]

さらに悪いことに、慢性的な飢餓人口は年々増加している（図表3－1）。かつては、アフリカの国々も経済発展とともに生活環境はよくなり、飢餓の状況は改善してきていた。

図表3-1　世界の飢餓人口の推移

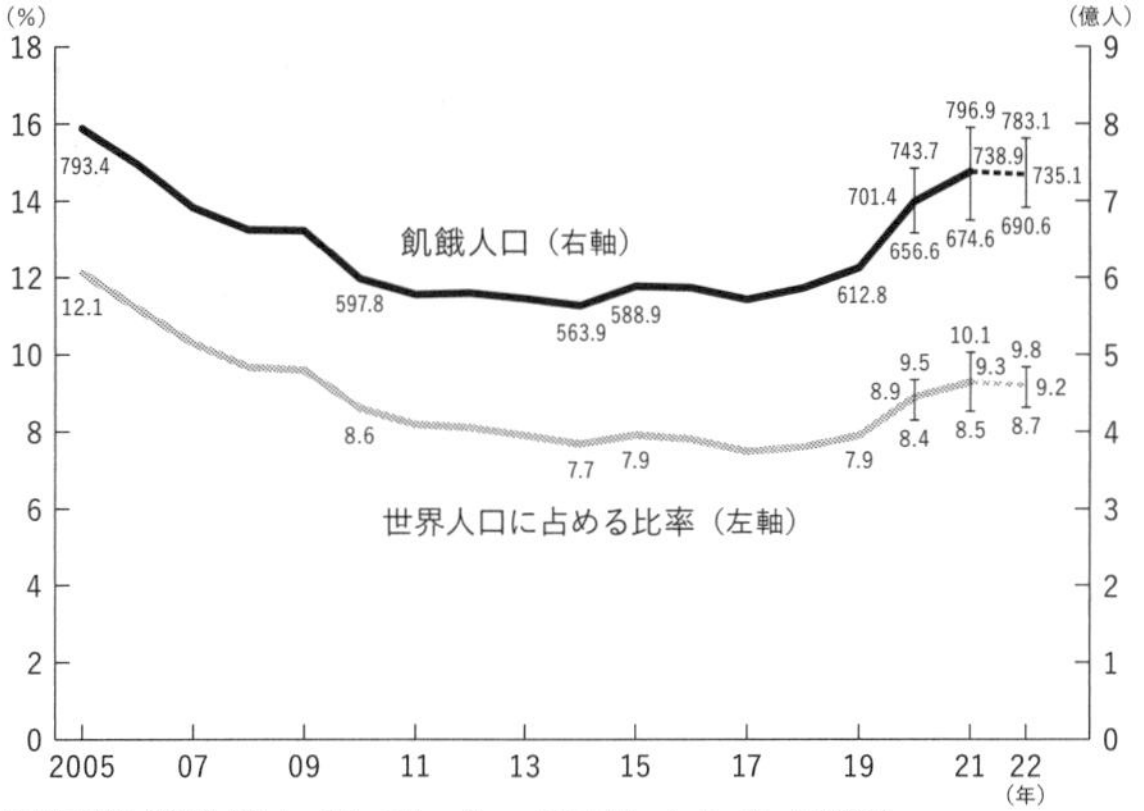

出所：FAO（2023）「State of Food Security and Nutrition in the World 2023」

2005年に約8億人だった飢餓人口は、14年には5・6億人に減少した。しかし、この状況が15年頃に反転し、悪化が始まった。21年の飢餓人口は05年の水準の8億人に戻ってしまった。飢餓人口の総数だけでなく、世界の総人口に占める飢餓人口割合でみても15年頃から悪化している。

飢餓人口が増加している背景の一つは、新型コロナウイルス・パンデミックだ。2020年以降、発展途上国でも政府による行動制限により、農業ができなくなったり、学級閉鎖

1 FAO（2023）「State of Food Security and Nutrition in the World 2023」

図表3-2　世界の難民数

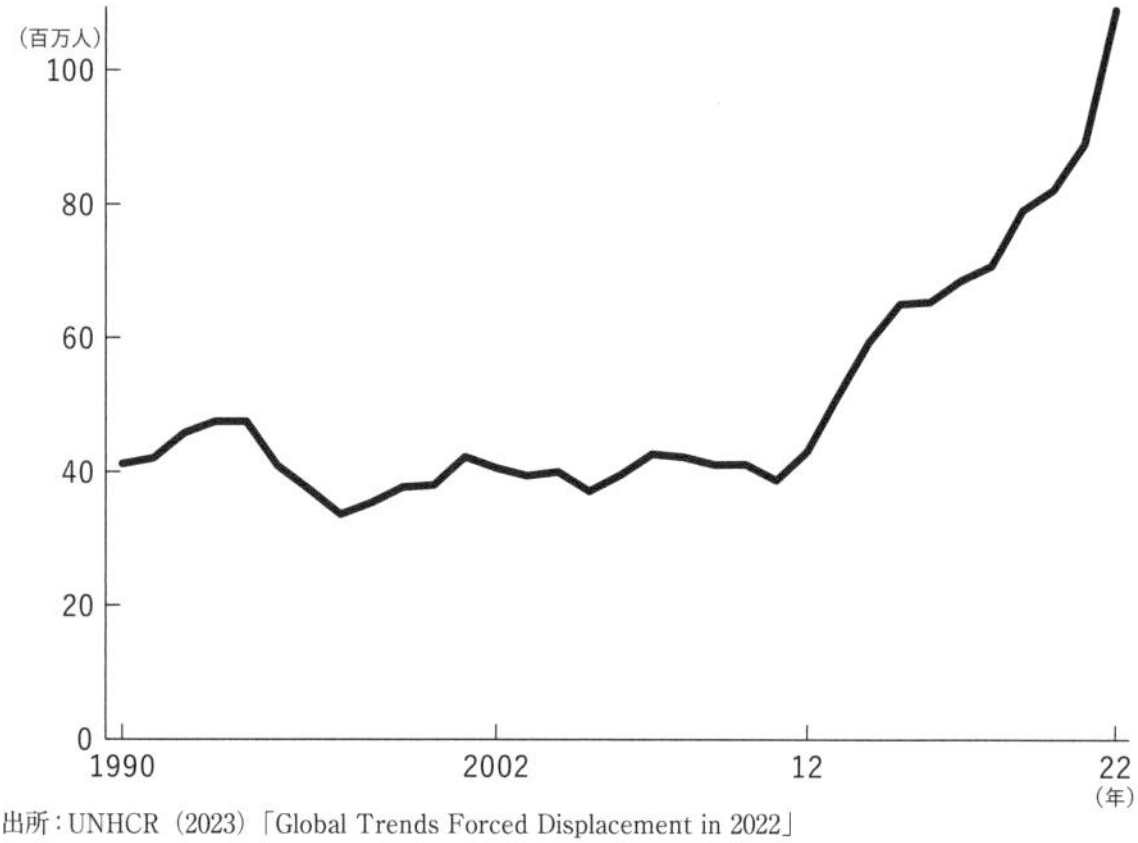

出所：UNHCR（2023）「Global Trends Forced Displacement in 2022」

で給食を食べられなくなったりした。だがそれだけではない。22年からのウクライナ戦争により、エネルギー価格の高騰や食料サプライチェーンの混乱により、食料価格が高騰した。この影響の直撃を受けたのが低所得者層で、食料を買えなくなった結果、栄養状態が悪化した。

飢餓人口が増えている理由はまだ他にもある。2015年頃から悪化しているのは、紛争や気候変動による食料生産の混乱だ。これを象徴しているのが世界の難民数で、12年から増え続けた難民数は、22年には1億8400万人となった（図表3－2）。国外に脱出した難民のうち、気候変動の影響を受けている国々からの割合は、10年の61%から22年には84%にまで上昇している。

例えば、中南米のホンジュラスでは、近年、アメリカへの移住を試みる人が多い。２０２０年には、大型ハリケーン「エタ」と「イオタ」がホンジュラスを襲い、１０２８万人いるホンジュラス国民の約45%に及ぶ４５０万人以上が被災した。[2] さらに、ホンジュラスでは近年、干ばつが酷く、トウモロコシなどの不作が続いていた。十分に食べるものが得られなくなった人たちが、大量に難民となり、アメリカへの移住を試みている。ホンジュラスでは、食料支援が必要な人がいまも約２５０万人おり、そのうち約25万人が国内で避難民として生活している。[3] 国外への難民を申請している人の数はいまでも13万人ほどいる。[4]

2 World Bank (2021)「An unprecedented response to an unprecedented disaster in Honduras」https://www.worldbank.org/en/news/feature/2021/01/11/respuesta-honduras-desastre-huracanes-eta-iota

3 NPR (2021)「Why People Are Fleeing Honduras For The U.S.: 'All That's Left Here Is Misery'」https://www.npr.org/2021/05/10/994065661/why-people-are-fleeing-honduras-for-the-u-s-all-thats-left-here-is-misery

4 Integral Human Development「Country Profiles: Honduras」https://migrants-refugees.va/country-profile/honduras/

国連は、世界の総人口は今後も増え続け、現在の80億人から２０６０年頃には１００億人を突破すると予測している。[5] 飢餓人口もそれに伴って増えていく可能性がある。難民問題は、周辺地域との軋轢《あつれき》を生み、政治的な反対運動にも発展しやすい。食料輸出国で飢餓人口が増えれば、輸出を制限しようとするかもしれない。そうなれば、食料自給率が低い国は、十分な食料を輸入できなくなり、食料安全保障上の問題を抱える。ちなみに日本は、韓国と並び、世界有数の食料輸入依存国だ。

飢餓を減らすには、食料をさらに増産し、十分な食料を確保していけばいいと思うかもしれない。だが、残念ながら、それでは問題は解決しない。なぜならば、その解決方法は、ウェディングケーキ・モデル（Ｐ35）の「社会層」しか考慮していないからだ。私たちは、食糧問題を考えるうえでも、「環境層」「社会層」「経済層」の３つを考慮しなければならない。

食料問題でのウェディングケーキ・モデル

食料の未来については、農業・食料分野の国際機関である国連食糧農業機関（ＦＡＯ）が、包括的な分析を行っている。最近発表した報告書[6]では、農業・食料の未来について３つのシナリオを提示した。

3つのシナリオの飢餓人口と農業生産量の推移を示したのが図表3－3だ。まず、飢餓人口の予測では、最も状況が改善するのが、「サステナビリティ追求シナリオ」だ。だがサステナビリティ追求シナリオは、3つのシナリオの中で、最も農業生産量が少ない。農業生産量が少ないほうが、飢餓人口を減らせるというのは、私たちの直感とかけ離れているかもしれない。

反対に3つのシナリオの中で最も農業生産量が多くなるのが「階層社会シナリオ」だ。短期的利益を追い求め、食料増産を続けた結果、農業生産量は最大となる。ただし、このシナリオが最も飢餓人口の数を増やしてしまう。

つまり「社会層」の状況だけを鑑みて、食料をたくさん生産すれば、飢餓人口を減らせるという考え方は否定されているのだ。この構造を理解するには、農業・食料分野で発生して

5　United Nations Department of Economic and Social Affairs（2022）「Policy Brief No.140」
6　FAO（2018）「The future of food and agriculture — Alternative pathways to 2050」

図表 3-3　FAOの2050年シナリオ

階層社会シナリオ（SSS）

社会エリート層が保護され、貧困が拡大し、資源の過剰利用と
食糧不安の悪化が分断社会を生む。経済は成長するが、
環境サステナビリティや社会的公平性にはつながらず、
温室効果ガス排出量も多く、大きな食料安全保障上の問題に陥る。

現状シナリオ（BAU）

食料の増産は現状通り進められるものの、食糧へのアクセス、利用、
安定性、環境サステナビリティにおける課題は改善しない。
経済成長は緩やかに進むが、環境サステナビリティに向けた進展は
限定的であり、公平性と食料供給に大きな課題が残る。

サステナビリティ追求シナリオ（TSS）

社会、環境、経済の3つの観点から、基本的サービスへの
公平なアクセスと、持続可能な食料生産を実現していく。
SDGs目標達成に向けた取り組みが成功し、
イノベーティブで持続可能な農業・食料の分野に投資が集まり、
温室効果ガス排出量の削減と食料安全保障の双方が改善する。

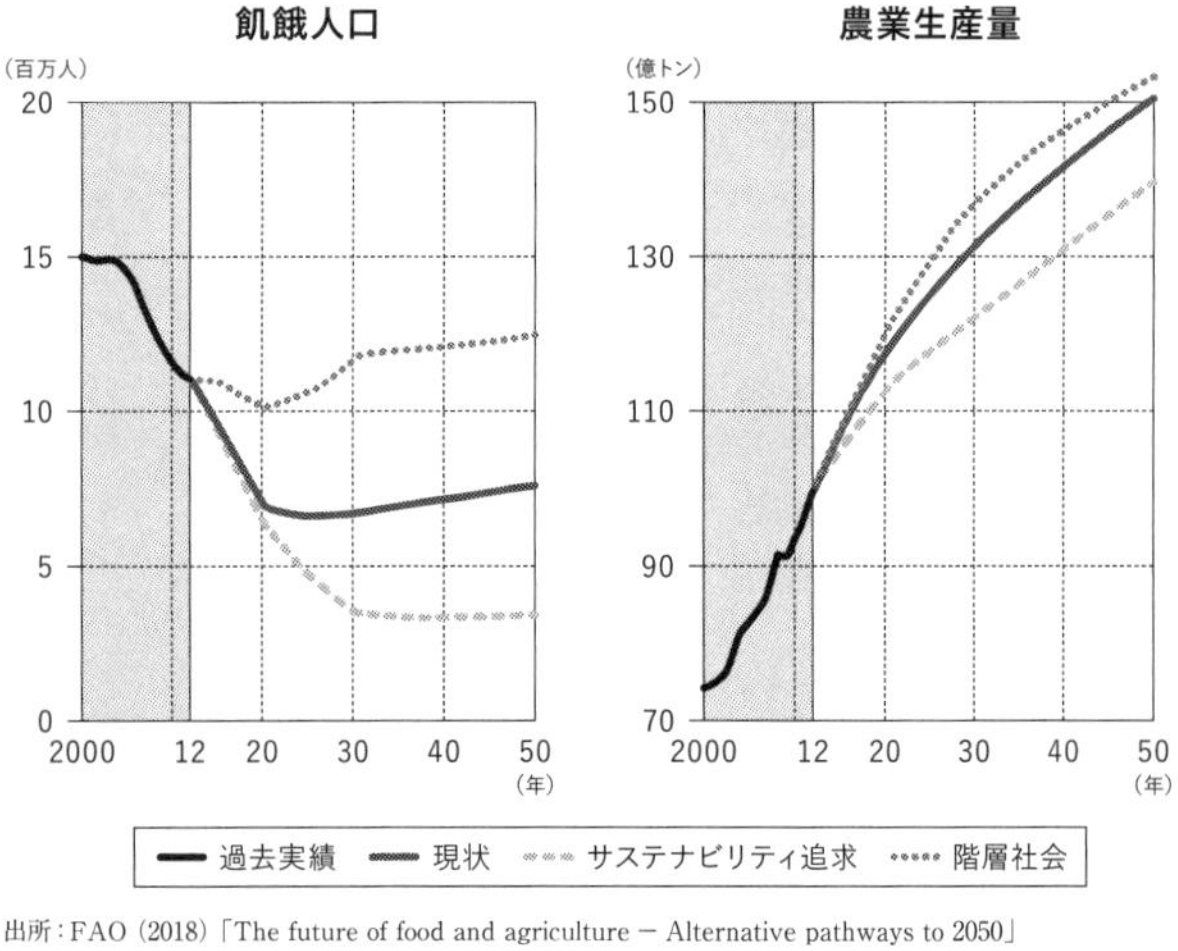

出所：FAO（2018）「The future of food and agriculture － Alternative pathways to 2050」

いる「環境層」の異変をおさえておく必要がある。

2　農業・畜産業・水産業はこれからどうなる?

生産性を上げたが「環境層」を破壊した農業革命

人類史上、農業は何度も飛躍的な発展を遂げてきた。とりわけ第2次世界大戦後には「緑の革命」の名で知られる農業革命が農業のあり方を一変した。緑の革命は、化学肥料、農薬、水を大量に投入し、作物が育ちやすい環境を人工的に創出することで、面積当たりの生産量（収量）を大幅に引き上げることに成功した。その化学肥料は、化石燃料を原料として量産する方法が1906年に「ハーバー・ボッシュ法」として確立された。この発明の功績は大きく、60年代から70年代にかけ、戦後の発展途上国でも化学肥料が大量に投入され[7]、農業生産量は著しく増加した。

こうして化学肥料と農薬を手に入れた人類は、戦後の爆発的な世界人口の増加に耐えられる食料増産を成し遂げた。約50年間で穀物の生産量は3倍以上に、野菜の生産量は約5倍にまで増えた。[8]

その半面、「環境層」は壊れていった。化学肥料の撒きすぎにより、肥料に含まれる窒素が酸化し、大量の一酸化二窒素が大気中に放出された。ちなみに、一酸化二窒素は二酸化炭素の273倍の温室効果がある。また肥料に含まれる窒素やリンは、農地から周辺の水系に流出し、河川や湖畔を汚染していった。農薬は周辺の生物や微生物を殺し、これが生態系を破壊し、生物多様性を喪失させる大きな要因となった。

環境破壊によって、逆に収量が下がる事態に

緑の革命の影響はこれだけではなかった。高い農業生産性を手に入れた人類は、農業生産量をさらに増やすため、農地の拡大にも着手した。ターゲットとなったのは熱帯雨林だった。熱帯雨林の肥沃な土壌は、農業をするのに恰好の土地となり、熱帯雨林を焼き払って農地に転換された。[9] この熱帯雨林の農地転換を進めたのは、莫大な利益を追い求めた大規模な

富裕地主だけでなく、発展途上国の零細農家も日々の生計を立てるために熱帯雨林を農地に変えていった。

結果的に、中南米、アフリカ、東南アジアでは、熱帯雨林が大規模に消失し、二酸化炭素の排出による気候変動の悪化と、生態系及び生物多様性の喪失という２つの環境破壊を加速させていった。農地が増えれば、農業用水も必要になる。熱帯雨林や森林といった貴重な水源が破壊される中で、水の消費量は増え、水の需給バランスも悪化していった。

食料を増産し、飢餓を減らすために、「環境層」を多少破壊することは、やむをえないと思うかもしれない。だが、もはやそれも限界にきている。

「環境層」破壊によってもたらされた気候変動や生態系の破壊は、すでに収量（土地当たりの農業生産量）を下げ始めている。過去20年間、このような「簒奪《さんだつ》的」な農業を続けた結果、農地の20％で収量が低下しており、今後の食料需要を賄うためには２０３０年までに農

7 夫馬賢治（２０２０）『データでわかる ２０３０年 地球のすがた』日経プレミアシリーズ
8 前掲書
9 前掲書

地を10%から15%も拡大しなければいけなくなっている[10]。

このまま放置していけば、仮に農地を大規模に増やしたとしても、それに伴って収量は低下し、農業生産量は増えない。場合によっては、農業生産量はむしろ減っていくかもしれない。だからこそ、最も農業生産量の多い「階層社会シナリオ」は、最も飢餓人口を増やしてしまう。

「環境層」の状況まで考慮すると、**化学肥料、農薬、水の投入量を減らしていく新しい農法を確立しなければ、人類は農業生産量を長期的に増やすことができない。**

そのうえで、食料廃棄物や、食品ロス（可食部の食品廃棄物のこと）を減らし、作った作物を大切にしながら、食料が不足している人たちに届けていく必要がある。

家畜増加でアマゾン熱帯雨林の約15%が破壊

畜産業も「環境層」を破壊してきた。肉の生産量が増えたということは、その分だけ家畜の飼育数を増やしてきたということだ。家畜の飼育場は拡大し、家畜が食べる飼料も増えていった。飼育場や飼料農地は、やはり熱帯雨林や森林を転換して拡大していった。例えば、アマゾン熱帯雨林では、１９６０年から２０００年の間に、家畜の数が５００万頭から、７０００万頭~８０００万頭にまで増加した。これにより、アマゾン熱帯雨林の約15%が消失し、そのうち約80%が牧草地となった。[11]

畜産の課題は他にもある。家畜から排出されている消化管メタンや排泄物は、世界の温室効果ガス排出量の約６%を占めている。[12] 排泄物が放置されていると、水系に流出し、水系の生態系を破壊していく。また家畜飼育のためには、大量の抗生物質が使用されており、抗生物質が効かない耐性菌を生み出す原因にもなっている。

戦後には、人口増加とともに、宗教上の制約がないほとんどの国で、野菜中心の食事から肉中心の食事へと食文化がシフトした。戦後約50年間で肉の生産量は世界全体で約5倍にまで増えた。[13] そしてこの傾向は今後も続くと予測されている。世界の人口増とともに、食文化

10 World Economic Forum（2020）「New Nature Economy Report II: The Future Of Nature And Business」
11 FAO（2003）「Cattle Ranching In The Amazon Rainforest」https://www.fao.org/3/xii/0568-b1.htm
12 夫馬賢治（２０２１）『超入門カーボンニュートラル』講談社＋α新書
13 FAO database

も肉中心に変わっていけば、肉の消費量は相乗効果で大幅に増えていくことになる。

持続不可能な状態に陥る世界の水産業

水産業も持続できない状態に陥っている。世界の漁業水揚量は、1950年にはわずか2000万トンだったが、2022年には9100万トンへと4・6倍に増えた。それに加えて、1950年にはほとんどなかった養殖が、2022年には9440万トンにまで増え、史上初めて養殖が漁業を上回った。水産業全体の生産量は、漁業と養殖業の合計で、70年間で約9倍に増えた。

漁業水揚量が増えた結果、魚の数が激減した。魚は自然界の中で繁殖するため、多少漁獲しても数は増える。だが、漁獲スピードが繁殖スピードを上回れば、魚の数は減少し、最終的にはその種は絶滅してしまう。

漁獲スピードが繁殖スピードを上回る乱獲状態にある魚種の割合は、世界全体で1974年には10%だったが、その後大きく増加し、2021年には3・8倍の37・7%にまでなった。この割合は海域ごとの差が大きく、例えば、ペルーやチリ沖の太平洋南東部で66・

7％、ヨーロッパの地中海・黒海では62・5％、日本近海を含む太平洋北西部では55・0％、西アフリカ沖の大西洋中部で51・3％という状況で、世界平均よりもかなり悪い[14]。

漁業は気候変動の影響も受けている。水温が上昇し、海洋が酸性化すると、魚の生息場所が変化するため、水揚げ魚種が変わる。日本近海でも、ブリやサワラなどの分布域が北上し、北海道でブリの漁獲量が増えた。宮城県でも、タチウオやガザミの漁獲量が増えた。反対に、沿岸漁業では、九州沿岸で磯焼けが拡大し、イセエビやアワビ等の水揚げが減少している[15]。

こうして世界の漁業は持続不可能な状態に陥り、１９８０年代半ばから水揚量は横ばいとなった。

14 FAO (2022)「The State of World Fisheries and Aquaculture 2024」

15 水産庁（２０１８）「平成29年度 水産白書」、水産庁（２０２２）「令和3年度 水産白書」

「環境層」を持続可能にするための処方箋は

ここまでみてきたように、既存の食料増産は、「環境層」を大きく破壊しながら成し遂げられてきた。「環境層」を破壊したまま食料増産を続ける道もなくはないが、その処方箋は、次々と移動しながら周辺の食べ物を食い漁っていくバッタの大群のような状況になってしまう。これでは当然のことながら、全く持続可能とはならない。さらに、農業で作られる作物には、綿花や麻などのアパレル繊維もあり、アパレル生産量が増えると、それに伴って農業生産量も増えることになる。

だからこそＦＡＯは「サステナビリティ追求シナリオ」を提示し、農業、畜産業、水産業、さらには食品・アパレル業界を抜本的に変革する道を提唱している。そして、２０２３年12月に、人類が進むべき方向性として、農業・畜産業・水産業分野の「２０５０年ロードマップ」を発表した（図表３－４）。

ＦＡＯの２０５０年ロードマップは、50年までに農林水産業からの温室効果ガス排出量をネットゼロにしていくゴールを明確に掲げた。さらに50年以降は、農林水産業からの排出量

図表3-4　FAOの1.5℃目標達成ロードマップ

	食料安全保障と栄養のゴール	気候変動対策のゴール
2025	2020年比で飢餓人口を1億5000万人減少	排水炭素土壌からのGHG排出量を2020年比で5%減
2030	慢性的飢餓ゼロ	農業・食料システムのGHG排出量を25%減
2035	健康的な食事にアクセスできない人数を2020年比で半減	農業・食料システムでCO_2ネットゼロ達成
2040	健康的な食生活を送らない人数を2020年比で半減	農業・食料システムでN_2O排出量を2020年比で半減
2045	健康的な食事にアクセスできない人数を2020年比で85%減少	農産物のメタン排出量を2020年比で半減
2050	すべての人が健康的な食生活を送る	農業・食料システムのGHG吸収量が排出量を上回る（年間-1.5Gt CO_2eq）

農業	2050 農産物の全要素生産性を世界全体で年率1.5%伸長 2050 農産物の全要素生産性を低所得国で年率2.3%伸長
畜産業	2030 畜産部門からのメタン排出量は2020年比で25%削減 2050 畜産業の全要素生産性を世界全体で年率1.7%伸長
漁業・養殖業	2030 漁業を100%効果的に管理し、IUU（違法・無報告・無規制）漁業を段階的に根絶 2040 持続可能な水産養殖の生産量を2020年比75%以上伸展
食事	2030 すべての国が食品に食品摂取基準を改定し、食事パターンでの適切な定量的推奨を提示 2030 すべての国で子どもを対象とした食品広告を制限する法律を制定
食品ロス・食品廃棄物	2030 小売と消費者レベルでの世界の食品廃棄物を一人当たり50%削減 2050 すべての食品ロスと食品廃棄物を循環型バイオエコノミーに統合。飼料、土壌改良、バイオエネルギー生産に利用
森林・湿地	2025 世界全体で森林破壊ネットゼロを達成 2035 世界全体で森林破壊ゼロを達成
土壌・水	2030 すべての人に安全で安価な飲料水への普遍的で公平アクセスを確保 2040 2025年から2050年の間に土壌での炭素隔離量を10Gt CO_2eqに拡大
エネルギー	2030 調理エネルギーで従来型バイオマス使用をゼロ 2050 バイオエネルギーからのCO_2回収量を年間1263Mt CO_2eqに拡大
社会包摂	2030 すべての国で全国的に適切な社会保護制度と対策を実施。異常気象などの経済、社会、環境ショックや災害から脆弱なすべてのグループを保護 2040 同規模の農場を経営する女性と男性の土地生産性格差を2020年比半減
データ	2030 すべての農家・畜産家が、世界的に認められたGHG排出量モニタリングを利用 2030 農業と畜産業の全要素生産性を非市場的インプットとアウトプットで補正。すべての国で毎年モニタリング

出所：FAO（2023）「Achieving SDG 2 without breaching the 1.5℃ threshold: A global roadmap, Part 1」

よりも吸収量のほうを多くする「カーボンネガティブ」状態を目指すことも掲げた。「社会層」のゴールとしては、2050年までにすべての人が健康的な食生活を送ることができ(Can)、実際に送る(Do)ということも設定された。

この2つのゴールを達成するため、「農業」「畜産業」「漁業・養殖業」「食事」「食品ロス・食品廃棄物」「森林・湿地」「土壌・水」「エネルギー」「社会包摂」「データ」の10分野で、具体的な達成目標が策定された。どの目標も、現状ペースでは決して達成できないものばかりであり、農林水産業での産業革命が不可欠となる。

食料問題の「陰謀論」の真偽

念のため触れておくが、農業での環境対策の話になると、「陰謀論」的な話も出やすい。例えば、昆虫食によって人口削減計画が遂行されようとしているという話や、農林水産省が昆虫食に6兆円も税金を費やしているといったガセネタが2023年にSNSで流行した。他にも、全員ビーガンにさせられるという根拠のない話や、国連は悪徳企業によって遺伝子組換作物(GMO)を推奨しているという噂話もある。

しかし、FAOのロードマップにはそのような話は登場しない。昆虫たんぱく質の活用については言及されているが、用途は主に家畜飼料向けの話だ。肉や乳製品については、これまでと同様に「野菜中心の食生活」を推奨しているが、全員がビーガンになるというレベルの内容ではない。それよりも、畜産の生産性を上げ、排泄物を適切に処理し、飼料などを工夫して消化管メタンの発生を抑制することを推奨している。

ちなみにGMOの話は一切ない。最近では、遺伝子組換ではなく自然交配を加速させるためのAI（人工知能）研究に大きな資金が投じられてきており、GMO一辺倒の時代ではなくなってきている。

第4章

農林水産業革命は雇用をどう変えるか

ネイチャーポジティブと農業・畜産業・水産業

1　農林水産業が直面するもう一つの課題

農林水産業とネイチャーポジティブ

農林水産業が関係している「環境層」のテーマは、気候変動だけではない。「環境層」のもう一つのテーマが「自然」の分野だ。この「自然」は、概念がやや曖昧で、世間では「生物多様性」や「生態系」とも呼ばれたりしている。少し概念を整理していこう。

国連で1992年に「生物多様性条約」が採択された。この年には、気候変動の分野で初の条約となる「気候変動枠組条約」も採択されており、「環境層」に関係する2つの重要条約が同時に誕生した。この2つの条約を生み出したのが、ブラジルのリオデジャネイロで開催された国連環境開発会議（「地球サミット」や「リオ・サミット」とも呼ばれる）で、1992年はいまに至る人類の大きな転換点となった。

生物多様性条約には、条約の目的として「生物の多様性の保全、その構成要素の持続可能な利用及び遺伝資源の利用から生ずる利益の公正かつ衡平な配分をこの条約の関係規定に従って実現すること」が掲げられている。言い換えると、「絶滅危惧種を減らす」ことと、「遺伝資源を利用してビジネスをしている医薬品メーカーなどが、遺伝資源を育んだ発展途上国の人たちや先住民族に利益を公平に分配する」ことの２つを目的としている。

まず、「絶滅危惧種を減らす」についてだが、これを達成すると、「社会層」や「経済層」にどのようなメリットやデメリットがあるのだろうか。自然環境を大事にしたい人にとっては、絶滅危惧はよくないことなのだろうが、大半の人にとっては、人間が生きていくうえである程度は致し方ないことだと考えるかもしれない。だが実際にはデメリットが大きく、そのことについては後で詳しくみていく。

もう一つの「遺伝資源の利用から生ずる利益の衡正かつ公平な配分」についても、医薬品メーカー以外の人にとっては関係ないと思うかもしれない。ちなみに、グローバル医薬品メーカーが多いアメリカは、生物多様性条約に加盟することをずっと拒否している。生物多様性条約に加盟していない国連加盟国はいまやアメリカとバチカン市国だけだ。

「生態系サービス」という考え方

「環境層」を構成する「気候変動」と「自然」の2つのテーマのうち、「気候変動」については、1997年に採択された京都議定書で、二酸化炭素（CO_2）、メタン（CH_4）、一酸化二窒素（N_2O）、ハイドロフルオロカーボン類（HFCs）、パーフルオロカーボン類（PFCs）、六フッ化硫黄（SF_6）の6種類が「温室効果ガス」として特定され、2013年からは三フッ化窒素（NF_3）が加わり7種類となった。気候変動を止めるには、これら7種類のガスの排出を削減しなければいけないということは広く理解されている。このように環境問題は、何が原因かが明確になって初めて、人類の重要な課題として認識される。

一方、「生物多様性」については何が原因で、どのような対策を講じるべきかが、長年はっきりしてこなかった。こうして、生物多様性や絶滅危惧の話は長年、私たちの生活とは縁遠いものとして扱われてきた。当然それでは人々の関心を集めることはできない。そこで環境科学者たちは、「生態系サービス」という概念を持ち出す作戦に出た。

生態系サービスとは、自然環境が、「サービス業の企業」のように人類に様々なサービスを提供していると捉える見方だ。例えば、雨水は、自然の作用を通じて、地中で濾過《ろか》され、川に運ばれて、人間社会に飲料水を届けてくれる。森林が山に健全に育っていれば、洪水も防止してくれる。海で魚が捕れるのも、海という自然が魚を育ててくれるからだ。観光分野でも、テーマパークを運営するには資金が必要だが、美しい山の風景には、自然がただそこにあるという理由だけで人が集まってくる。

人類は、こうした自然が提供する「サービス」を無償で享受している。もし生態系サービスを人工的に再現しようとしたら、それこそ莫大な投資や運営コストを要する。「生態系サービス」という言葉そのものは古くからあり、1981年には学問の世界で確立していた。だが、2010年に生態系サービスに関する論文が急増した。そして19年に生態系を専門とする科学者たちは、生態系の現状と予測に関する史上初の包括的な科学報告書「IPBES生物多様性と生態系サービスに関する地球規模評価報告書」を世に送り出す。その中で生物多様性と並んで生態系サービスという概念を精力的に打ち出したのだ。

「IPBES生物多様性と生態系サービスに関する地球規模評価報告書」は、生物多様性が失われている直接的な原因として、「土地・海域利用変化」「直接採取（乱開発）」「気候変動」「汚染」「侵略的外来種」の5つの要因を特定した。そしてこの5つの要因は、生物多様性を喪失させる原因になっているだけでなく、人間社会が依存している生態系サービスをも破壊していることを科学的に示した。

これによって、「生物多様性を守る」では自分事として捉えることができなかった人たちにとって、生態系サービスが破壊されれば自分たちの生活そのものも破壊されていくということがイメージできるようになった。

生態系を守るために保護区を設けるという方針

今日、5つの直接的要因に対処し、生態系サービスを健全な状態にまで再生させることを「ネイチャーポジティブ」と呼ぶ。そして、2022年12月に国連生物多様性条約第15回締約国会議（CBD COP15）で採択された「昆明・モントリオール生物多様性枠組」では、ネイチャーポジティブを30年までに実現することが人間社会のゴールとして掲げられた。

昆明・モントリオール生物多様性枠組には、各国政府の領土と管轄水域（内水を含む領海と排他的経済水域）の面積のうち各々30％以上を2030年までに保護区もしくはOECM

（保護地域以外で生物多様性保全に資する地域）にするという目標も盛り込まれている。つまり、生態系を保全・再生する場所を確保し、その地域での生態系を保全、できれば再生するということだ。

「保護区やＯＥＣＭでは、経済活動を行ってはいけない」ということではないが、大規模な不動産開発やインフラ開発などは制限される。特に、熱帯雨林や泥炭地のような生態系が豊富な土地を自然の状態のまま維持することがネイチャーポジティブを実現するためには必要になる。

これまで熱帯雨林や泥炭地は、生態系が豊富であり、農林水産業を営むうえで最も効率的な場所だからこそ、破壊の対象になってきた。この状況を反転させ、熱帯雨林や泥炭地を保護していくということは、農林水産業を実施する面積を今後拡大しない、さらには縮小していくということになる。

日本の保護区とＯＥＣＭの面積は、２０２１年時点で、領土で20・5％、管轄水域で13・3％だ。そのため、昆明・モントリオール生物多様性枠組で決まった30年までに30％を保護区にする目標（これを「30×30」という）を達成するためには、さらに領土で約10％、管轄水域で約17%を、保護区もしくはＯＥＣＭにしていくということになる。実際に日本政府は、生物多様性基本法に基づき、「30×30」の目標を含めた「生物多様性国家戦略２０２３—２０３０」を23年に閣議決定済みだ。

だが、ネイチャーポジティブを実現するためには、「30×30」だけでは全く足りない。どれだけ各国の面積の30%を保護区やＯＥＣＭにしたとしても、それ以外の陸地や水域で生態系の破壊が続いていけば、ネイチャーポジティブは実現できない。

生態系サービスが失われると44兆ドルの価値が吹き飛ぶ

ネイチャーポジティブは、生態系サービスという私たちの生活に必要な機能を守り、「社会層」を維持するために、「環境層」を再生しようという試みだ。では「経済層」にはどのような影響を与えるのだろうか。

ネイチャーポジティブを実現せず、生物多様性喪失の５つの直接要因を放置していくと、経済にとって壊滅的な打撃を与えることがすでにわかっている。**生態系サービスに高度もしくは中度に依存している経済活動は、世界のＧＤＰの半分以上にあたる44兆ドル**にもなる。[1]

つまり、生態系サービスが失われると、44兆ドルの経済価値が吹き飛ぶ。とりわけ、建設業と農林水産業は、生態系サービスに大きく依存しており、生態系サービスが破壊されることによる経済的な打撃は、建設業で４兆ドル、農業・食品業界で３・９兆ドルにもなる。

他にも、化学・素材、航空・観光、不動産、鉱業・金属、運輸・物流、小売・消費財・ライフスタイルの6業種は、サプライチェーン全体で生態系サービスの恩恵を強く受けており、生態系サービスが失われると、事業が継続できなくなっていく。

生態系破壊が経済に与える影響は、すでに世界の中央銀行レベルでも把握作業が進められている。２０２１年には主要国の中央銀行や金融当局が集まる団体「Network for Greening the Financial System（ＮＧＦＳ）」に生態系破壊による金融影響を分析する専門チームが設けられ、22年3月に最終報告書が発表された。

その内容は、生態系破壊は、世界の金融システムに大きな悪影響を及ぼし、金融危機を引き起こすリスクをはらんでおり、中央銀行や金融当局のレベルで対処していくべき課題とし

1 World Economic Forum (2020)「New Nature Economy series: Nature Risk Rising」

て認識すべきというものだった。[2] NGFSでは、金融当局として打つべき対策の中身についても検討を始めている。

生態系サービスに依存している44兆ドルの経済を守るためには、生態系破壊を止め、生態系を再生していかなければならない。では生態系サービスを破壊しているのはどのような業種だろうか。それもすでに特定されており、農林水産業、インフラ・不動産・建設・観光業、天然資源開発やエネルギー施設の3つが主なものだ。[3] 特に農林水産業と建設業に関しては、生態系サービスに依存する業種であるとともに、生態系サービスを破壊している業種にもなっている。つまり**自分たちの業種の存立基盤そのものを自分たちで破壊している**状況にある。

このことから、世界の44兆ドルのGDPを保護し、さらに将来の金融危機を防ぐためには、これら3つの業種で、産業革命を起こさなければならないことがわかった。日本でも2024年に環境省、農林水産省、国土交通省、経済産業省が合同で「ネイチャーポジティブ経済移行戦略」を策定しており、「事業活動から自然資本への負荷の回避・低減を十分に検討した」うえで、引き起こしている環境破壊を軽減していくことを宣言している。

図表4-1　ネイチャーポジティブを実現するための方向性

食料・土地利用・海洋利用	●劣化生態系の再生と土地・海域利用の回避 ●リジェネラティブ農業（環境再生型農業） ●持続可能な森林管理 ●健全で生産性の高い海洋 ●プラネタリーバウンダリーと整合性のある消費 ●透明性の高い持続可能なサプライチェーン
インフラ・まちづくり・観光	●コンパクトなまちづくり ●ネイチャーポジティブ建築設計 ●プラネタリーバウンダリーと整合性のある都市計画 ●インフラとしての自然 ●ネイチャーポジティブな接続インフラ
資源採掘・エネルギー施設	●サーキュラーかつ省資源型なモデル ●ネイチャーポジティブな資源採掘 ●持続可能な資源サプライチェーン ●ネイチャーポジティブなエネルギー転換

出所：Business For Nature（2021）「Nature-positive CEO briefing」

ネイチャーポジティブと産業の両立

ネイチャーポジティブを実現するための各業種での産業革命の方向性は、すでに提示されている（図表４－１）。この図表は、生態系破壊の原因になっている経済活動の要素を特定し、その状況を転換できる対策をまとめ

2　Network for Greening the Financial System（2022）「Central banking and supervision in the biosphere: an agenda for action on biodiversity loss, financial risk and system stability」

3　World Economic Forum（2020）「New Nature Economy Report II: The Future Of Nature And Business」

たものだ。

特定された施策には、農林水産業に関連する「食料・土地利用・海洋利用」、建設・不動産・インフラ・観光業に関連する「インフラ・まちづくり・観光」、製造業・エネルギー産業・鉱業に関連する「資源採掘・エネルギー施設」の3つがある。本章では農林水産業に着目し「食料・土地利用・海洋利用」を、第5章で「インフラ・まちづくり・観光」と「資源採掘・エネルギー施設」をみていくことにする。これら分野で具体的な産業革命が始まれば、当然雇用にも大きな影響が出る。

2　農林水産業で起きる産業革命

現在の農法が抱える課題

農業では、光合成の作用によって、空気中の二酸化炭素を吸収し、作物を栽培している。

このことは、気候変動の文脈ではポジティブな影響を与えてくれている。だが、農業は他にもたくさんの環境資源を消費している。例えば水を大量に使う。水を使いすぎれば、周囲の水がなくなっていく。また、日本でも広く普及している「慣行農法」と呼ばれる農法では、害虫、病気、雑草などを除去するために農薬も使う。

また、土壌から吸収するリン、窒素、カリウムなどを化学肥料として大量に散布している。特に慣行農法では、農薬によって土壌中の微生物まで死滅させてしまうため、微生物が分解して作り出す養分の代わりに、化学肥料を投入して人工的に土壌に栄養を与えている。農薬と化学肥料はワンセットとして扱われている。

化学肥料の撒きすぎは、多くの生態系破壊を引き起こす。特定の化学成分が、農地の土壌、さらには土壌から流出して河川や湖沼、そして海洋にまで広がっていくことで、周辺の生態系は破壊されていく。また化学肥料に含まれる窒素は、酸化すると一酸化二窒素という温室効果ガスになり、気候変動を悪化させる。このことは、第3章で説明したとおりだ。

農薬も同じく生態系を破壊してしまう。農薬は作物を害虫から守るために使っているのだが、同時に周辺の植物や動物まで死滅させたり、成長を阻害したりする。特に作物の受粉を担うミツバチなどの送粉者の数を減らしてしまうと、農業そのものが困難になる。すでに農薬による送粉者の減少は世界各地で確認されている。

2050年には「薬剤耐性」での死者が年間1000万人に増加

細菌やウイルスに農薬を大量に浴びせると、薬が効かない耐性菌を生み出してしまう。その中からヒトに感染するものが出てくると既存の抗生物質では対処できなくなる。この問題を「薬剤耐性（AMR）」というのだが、薬剤耐性での死者数は現在年間約120万人おり、このまま事態を放置すると、2050年には年間死者数1000万人にまで増加すると予測されている。[4] 薬剤耐性の経済インパクトでは、50年までに医療コストを1兆ドル引き上げてしまい、さらに30年まででも、毎年3・4兆ドル分のGDPを押し下げてしまうという。[5]

農業用水の活用でも、これから水の希少性は世界各地で上昇していくため、[6] 水不足や水による紛争が懸念されている。日本でも気候変動により降雪量が減ると、河川の水量が大幅に減少していくと予想されている。[7] 国際的な調査によると、水リスクに直面する世界の農業生産量は、スイカで96％、トマト、きゅうり、オレンジで92％、落花生と桃で91％、綿花で

90%、コメで88%、りんご、小麦、キャベツで85%とかなり高い。[8] そのためいままで以上に効率的に水を使うことが求められるようになる。

どうすれば持続可能な農業に転換できるか

農業には、いつの時代も変わらない昔ながらの産業というイメージがあるかもしれないが、それは大きな誤解だ。現在確立している農法は、明治から昭和にかけ農業研究機関で確立されてきたものが多い。最近でも農業研究機関からたくさんの農法や品種が誕生している。個々の農家でも、日々、様々な研究や工夫がなされており、いまの農業の姿がある。農

4 World Health Organization（2019）「New report calls for urgent action to avert antimicrobial resistance crisis」https://www.who.int/news/item/29-04-2019-new-report-calls-for-urgent-action-to-avert-antimicrobial-resistance-crisis
5 World Bank（2017）「Drug-resistant infections : a threat to our economic future」
6 夫馬賢治（２０２０）『データでわかる ２０３０年 地球のすがた』日経プレミアシリーズ
7 環境省（２０２０）「気候変動影響評価報告書」
8 PRI（2018）「What is agricultural supply chain water risk?」

業は日々進化しているのだ。

現在確立している慣行農法も、環境を破壊したくてやっているわけではなく、収量（面積当たりの農業生産量）を上げることを目標にして、農業が進化してきた結果だ。そしていま、「環境層」の破壊という新たな課題が明らかになったことにより、再び大きな農業革命を起こしていこうということになった。第3章で紹介した国連食糧農業機関（ＦＡＯ）のサステナビリティ追求シナリオにも、カーボンニュートラルだけでなく、ネイチャーポジティブも同時に実現するために、化学肥料、農薬、水の消費を削減した農業を確立したうえで、食料生産量を確保することが目標として掲げられている。

カーボンニュートラルとネイチャーポジティブを同時に実現できる農法には、いくつかの選択肢が提示されている。

1つ目は「保全型農法（コンサベーション農法）」と呼ばれるものだ。この農法は、化学肥料の使用を極力抑制しながら、替わりに自然の力を促進することで、土壌の栄養分を高めていくという手法だ。具体的には、土を耕さない「不耕起栽培」を行うことで、土壌の有機物の分解を防ぎ、土壌栄養素の流出を抑制する。そして、土壌の栄養を増やすために圃場の

30％以上で、大豆などのカバークロップ（被覆作物）と呼ばれる作物の栽培を行い、窒素分子を固定してアンモニアなどの化学物質に転換することで、土壌の栄養分を高める。そして、単一作物の栽培によって土壌の栄養素を枯渇化してしまうことを防ぐため、3種類以上の異なる作物を輪作する。国連食糧農業機関（FAO）はこれら全てを実践する農法を「保全型農法」と呼んでいる。[9]

次に「有機農法（オーガニック農法）」と呼ばれる農法もある。有機農法は、保全型農法をさらに突き詰めて、化学肥料と農薬を使用せず、自然の力だけで、土壌の栄養素を確保していくやり方だ。農薬も使用しないため、総合的病害虫・雑草管理（IPM）という技術も導入し、人工的な農薬ではなく、微生物も含めた健全な生態系を圃場で構築することで、病害虫の発生を抑えていく。実際には、有機農法の国際的な定義が確立しているわけではなく、様々な有機農法に関する規格が存在している。

9 Food and Agriculture Organization「Conservation Agriculture」https://www.fao.org/conservation-agriculture/en/

注目を集める「リジェネラティブ農業」

そして、「リジェネラティブ農業（環境再生型農業）」と呼ばれる農法も、最近注目を集めている。リジェネラティブ農業に関しては、サステナビリティ重視で知られるアパレル・ブランド「パタゴニア」が2017年に「リジェネラティブ・オーガニック認証」を創設したことで知られるようになった。リジェネラティブ農業の国際的な定義も確立されているわけではない。ちなみに、国連食糧農業機関（FAO）は、農地の生態系サービスを向上することに重点を置き、土壌の再生やミクロレベルでの水循環などを実践する農法のことを、幅広く「リジェネラティブ農業」と呼んでいる。[10]

保全型農法や有機農法、リジェネラティブ農業が、自然の力を促進することで持続可能な脱農業を実現しようとしているのに対し、農薬や化学肥料を使い続けながらも、過剰に使用している分量を抑制し、使用用途を最適化することで、生態系の破壊を抑制しようと試みる農法も登場している。これが「精密農業（プレシジョン農業）」だ。精密農業では、圃場に様々なセンサーや観察設備を用いる。具体的には、天候などの外部環境状態を測定するフィールドセンサーや、土壌の栄養素等を測る土壌センサー、農地の状態を宇宙から観測する人工衛星画像処理技術、地上で観測するドローンなどのリモートセンシング技術などを活用していく。また収集したデータを総合的に演算し、最適解を導き出すために、AIも同時に用いることが多い。

センサーではなく、人の五感で、土壌の状態を測定する技術もある。例えば、圃場に水を撒きすぎているという実態に着目し、手の感覚で土壌の水分量を推察する「触診」という技術を追求している農家もいる。この農家では、実際に水の使用量を減らしながら、収量を上げることに成功している。[11]

植物工場には課題が多い

ここまで紹介した農法が圃場での生態系破壊を最小化するアプローチを採っているのに対

10 Food and Agriculture Organization「Regenerative Agriculture: good practices for small scale agricultural producers」

11 果実堂「果実堂の社員の1日」https://www.kajitsudo.com/careers/oneday/

し、自然界から圃場を人工的に隔離し、自然界への影響をシャットアウトするアプローチを採るのが「植物工場」だ。植物工場は、人工的な屋内空間で作物を栽培し、空間を効率的に利用するため、高さのある施設に作物栽培用の装置を垂直方向に並べる。そのため、「垂直農法」とも呼ばれている。

垂直農法は、土壌を使わず、リン、窒素、カリウムなどの養分の入った液体肥料と水だけで作物を栽培する「水耕栽培」を採用していることが多い。水耕栽培はもともと19世紀にドイツの化学者が発明した手法で、日本には米軍が戦後に駐留したときに東京都調布市と滋賀県大津市に持ち込まれ、初の植物工場が誕生した。そして、2009年に農林水産省と経済産業省がそれぞれ垂直農法に対する支援事業を開始し、日本でも各地でプロジェクトが組成されていった。

垂直農法は、外界の気温上昇や異常気象の影響を遮断できるという利点がある。一方で、人工的な隔離空間を作り出すために、通常の農法よりも多くの電力エネルギーを消費する。仮に現在世界中で営まれている農業を、全て垂直農法に転換したとすると、発電した電気を全て投入しても足らないという見解もある。垂直農法の普及があまり進んでいない背景には、エネルギーコストが膨大で、収支が成り立たないという経済的な課題がある。

また、垂直農法に不可欠な液体肥料の生産工程や、垂直農法から発生する廃水や廃棄物の処理工程までを含め、全体でネイチャーポジティブにすることができなければ、垂直農法をネイチャーポジティブな農法だとみなすことはできない。

日本政府の政策「みどりの食料システム戦略」

日本政府は、農政の基本指針を定める「食料・農業・農村政策基本法」を25年ぶりに2024年に改正した。そして、第3条に、「食料システムについては、食料の供給の各段階において環境に負荷を与える側面があることに鑑み、その負荷の低減が図られることにより、環境との調和が図られなければならない」と明記し、農林水産業が生態系を破壊する側に立っているとの立場を明確に示した。これは日本の農政の抜本的な転換を意味する。

すでに農林水産省は、生態系破壊を抑制する方向性を打ち出しており、それが具体的になったのが2021年に策定された「みどりの食料システム戦略」だ。50年までに化学農薬の使用料を50％減、化学肥料の使用料を30％減にするとともに、有機農法の面積を日本の耕地面積全体の25％（100万ヘクタール）に拡大する政策目標を設定した。すなわち、有機農法の目標を25％としながらも、それ以外の75％の農地でも持続可能な農法への転換を促していくということだ。さらに海外から輸入する食品原材料についても、30年までに「持続可能に配慮した」調達の実現を目指すと規定している。農林水産省が海外の農林水産業のあり方にまで踏み込んだのは、過去にはなかった新しい動きだ。

2022年には「みどりの食料システム法」が国会で成立しており、持続可能な農業に転換する農家に対する減税措置や補助金支給の制度もスタートしている。さらに23年12月までに、全47都道府県が、すべての市町村の同意を取り付けたうえで、みどりの食料システム法に関する基本計画を策定し、みどりの食料システム戦略で掲げた目標を達成する道を自主的に選択した。こうして、日本でも持続可能な農業に向けた産業革命が始まろうとしている。

3 農林水産業での雇用はどうなるか

農業革命による雇用影響

農業に従事している人数は、世界全体で約8・6億人[12]いると言われている。そして、日本だけでも181万人（畜産業も含む）いる。[13]これだけ膨大な数の人々が、時期の早い遅いはあれど、農業革命を経験していくことになる。まさに人類史上の壮大なプロジェクトとなる。

だが、「持続可能な農業を実現しながら、収量を上げていく」ということは容易ではない。自然を相手にする農業は、品種や天候によって育成状況や作物の品質に大きな違いが出てし

12 Food and Agriculture Organization（2023）「Almost half the world's population lives in households linked to agrifood systems」https://www.fao.org/newsroom/detail/almost-half-the-world-s-population-lives-in-households-linked-to-agrifood-systems/en

13 総務省（2024）「労働力調査（基本集計）2023年（令和5年）平均結果」

まう。そのため画一的な手法ではなく、農地の気候、土壌や地質、水源、土壌生態系などに応じた個別の農法を確立していかなければならない。

さらに農家にとっては、慣れ親しんだやり方を変えることで「収量が下がるのではないか」という恐怖心もある。農業は年に1回から数回しか収穫期がなく、1回でも失敗すれば農家の所得は大幅に下がる。そうやすやすとはいままでのやり方を変えられない。

さらに有機農法などは、草取りなどに人手がかかる。日本のように少子高齢化で農業の担い手が不足していく国では、デジタル化などの省人化/無人化技術の開発も同時に進めていかなければならない。

このような状況で、世界全体で21世紀の農業革命を実現していくためには、個々の農家の努力だけでなく、農業技術を発展させる大規模な研究開発が必要となる。

例えば、日本には、農林水産省所管の農業・食品産業技術総合研究機構（NARO）や国際農林水産業研究センター（JIRCAS）をはじめ、各都道府県立の農業究機関、JA全農の研究機関、大学農学部の研究機関など非常に数多くの農業関連の研究機関がある。企業やスタートアップも個別に農業研究を行っている。21世紀の産業革命を実現するためには、これらの研究機関の予算を大幅に拡充し、持続可能な農業の確立に向けた研究開発を加速していかなければならない。さらには、海外の研究機関や予算も有効に活用していく必要も出てくるだろう。

こうしていま、農学や生物学の研究には大きな注目が集まるようになった。持続可能な農業を実現するための農法研究や、有機肥料または低リスク農薬の生産、総合的病害虫管理の技術開発に関する雇用は、世界全体で２０３０年までに４３０万人増えると見通されている[14]。

日本では過去数十年、農業の活性化は重要な社会課題として扱われてきた。いまでも農業体験イベントや農業振興策などが各地で企画されている。しかし、残念ながら、その多くは、従来型の農業を事業継承もしくは拡大していこうという施策が多い。地元産の作物を地元でたくさん消費しようという「地産地消」の試みも、従来型農業を延命させるという結末になりかねない。一方、持続可能な農業を実現したうえで食料自給率を高めることができな

14 World Economic Forum（2020）「New Nature Economy Report II: The Future Of Nature And Business」

ければ、日本の食料安全保障リスクが高まり、食糧不足に陥るおそれが出てくる。

世界全体では農業の労働力需要は減少していく

また、持続可能な農業では、これまで以上に効率的に農業を進めていく必要があり、農業が大規模化していくと予測されている。国際労働機関は2018年に、持続可能な農法に転換していくことによる雇用への影響を分析している。[15]この分野では、発展途上国では圃場の30%が保全型農法に、先進国では圃場の30%が有機農法に移行するという仮定をおいた。その場合、発展途上国では、家族経営型の慣行農法から大規模農場での保全型農法に転換することで、アフリカでは30年には農業人口が2000万人減少し、比率では3・5%減少するシミュレーション結果となった。同様に、アジア太平洋地域でも1000万人減少し、2・2%減となった。他方、先進国が多い欧州地域では、手間のかかる有機農法への転換が進むことで、労働力需要が1・1%増加する結果となった。合計すると、世界全体では農業人口は減少していく見込みだ。

農業人口が減る一方で、農業の大規模化に伴う雇用は増えていく。農業を大規模化するためには、土地の造成や、農機の開発・導入に関する新規雇用が生まれていくためだ。農業の大規模化に伴う雇用も、２０３０年までに同じく４３０万人増えると予想されている。[16]

畜産業に就く6億人への雇用影響はあるか

畜産業での産業革命は、ネイチャーポジティブ以上に、カーボンニュートラルを実現していくことが大きな方向性となる。

畜産業の温室効果ガス排出量は世界全体で現在、年間約62億トンあり、世界の排出総量の約12％を占めている。さらに今後、人口増加と肉食中心の食文化へのシフトが進行すると、いまのペースのままだと畜産業からの温室効果ガス排出量は２０５０年には91億トンにまで上昇する見通しだ。国連食料農業機関（ＦＡＯ）は、これを50年までに72億トン分削減し19億トンにまで減らすロードマップを描いている。[17]

15 International Labour Organization（2018）「World Employment and Social Outlook 2018 - Greening with jobs」

16 World Economic Forum（2020）「New Nature Economy Report II: The Future Of Nature And Business」

畜産業での温室効果ガス排出量の内訳は、家畜の消化管からのメタン排出（いわゆる「げっぷメタン」）が46％、放牧場や家畜飼料栽培のための土地確保に伴い発生する二酸化炭素が15％、家畜排泄物からのメタンと一酸化二窒素が13％、家畜飼料の栽培や加工で発生する二酸化炭素が12％、家畜飼料栽培に伴う肥料使用から発生する一酸化二窒素が10％といった具合だ。このうち飼料栽培に関するものは農業と共通のため、畜産業固有のものとしては、消化管メタンと排泄物からのメタン排出の2つとなる。

国連食料農業機関（FAO）が描く72億トンの削減のうち、消費者側での対策は、食品ロスや食品廃棄物を減らすことによる効果が4・5億トン、そして、肉食から草食への食生活に多少転換していくことで実現する分が3・6億トンで、全体に占める割合はわずか11％しかない。残りは、畜産を続けながら、生産者側での削減を実現していくということになっている。

では、何をしたら、肉、乳製品、卵を生産するための畜産をしながら、排出量を64億トンも減らせるのだろうか。まず、畜産の生産性を向上するというやり方だ。家畜の健康増進により、病死したり疾病したりする家畜を減らすことで18億トン削減する。もちろん、薬剤耐性の問題を防ぐため、抗生物質を使用しない疾病対策技術の研究開発も同時にしていくことになる。

次に、肥育の改善だ。地域の自然環境に適応できる選抜育種により9億トンを削減する。そして、発育を早めたり、肉付きをよくする手法を開発することで45億トン削減していく。他にも、このまま気温上昇が続けば、2085年までに、世界の肉生産の生産性は20年比で19%減、乳製品生産の生産性は同18%減と予測されている。[18] 肥育の生産を向上していくためには、畜舎の気温を下げる設備の導入や、気温上昇に耐えられる品種の開発も必要になっていく。

残りの排出削減は、消化管メタンを減らすことができる新たな飼料の開発や、消化管メタンや排泄物メタンを適切に回収もしくは処理できる装置や技術の開発、畜産で使用するエネルギーのゼロエミッション化で実現していくことになる。

17 Food and Agriculture Organization（2023）「Pathways towards lower emissions」
18 Food and Agriculture Organization（2023）「An analysis of the effects of climate change on livestock」

もちろん、それぞれの削減の道筋はおおまかな推計であって、不確実性は高い。実際には期待した効果が得られないかもしれないし、反対に新しい画期的な技術が登場し大幅な削減を実現できるかもしれない。だが、畜産分野でも産業革命が不可欠だということは確実だ。

畜産業に従事している人は、農業との兼業も含め、世界に約6億人いると推定されている。[19]この6億人は、今後、新たな畜産産業革命時代に適応していかなければならない。仮にもし、気温上昇により畜産業そのものが続けられなくなったり、また畜産での温室効果ガス排出削減が思うように進まず、肉食から草食への完全シフトが義務化されるようなことになれば、畜産業そのものが続けられなくなってしまうかもしれない。これを回避するには、畜産産業革命をみなで成功させていくしかない。

漁業の課題は「気候変動」と「乱獲」

漁業の分野でも産業革命が不可欠になっていく。特に漁業での課題が大きいのは、生態系破壊の5つの直接的要因でいうところの「気候変動」と「直接採取（乱獲）」だ。この2つをなんとかしなければ、漁業そのものが成り立たなくなる。

気候変動によって生息もしくは回遊する魚種が変わると、これまでの経験則に基づく漁業がしづらくなる。効率的に漁業を行うには、魚群探知機やＡＩを活用したスマート漁業テクノロジーが普及していくだろう。これも一つの産業革命だ。

そして、少しでも気候変動を抑制するために、漁船の動力源を重油やディーゼルから、低炭素燃料や電動化していくという動きも始まっている。これは、第2章で説明したカーボンニュートラルとエネルギー革命の話と同様の変化だ。

一方、乱獲を防止するために、漁獲量を抑制しなければならない。すでに、各国政府は漁獲量規制を導入しはじめているが、規制を守らない漁船も横行している。例えば、無許可で操業している漁船、許可を得ているものの水揚量を報告しない、あるいは偽って報告している漁船や、各国の法律や国際的な操業ルールに従わない漁船がある。こうした違法漁業のことを「ＩＵＵ（違法・無報告・無規制）漁業」と言う。ＩＵＵ漁業による水揚量は、年間で

19 Food and Agriculture Organization（2012）「Women are main guardians of crucial livestock diversity」 https://www.fao.org/gender/insights/insights-detail/Women-are-main-guardians-of-crucial-livestock-diversity/en

800万トンから1400万トンとも言われており、世界水揚量全体の9%から16%も占めている。[20]

IUU漁業への関与リスクに関しても、国際ランキング[21]が発表されている。このランキングは1位が最もIUU漁業への関与リスクが高いという不名誉な順位付けなのだが、日本は152カ国中46位と芳《かんば》しくない。要因は、日本は漁業大国であり、水産輸入量も多いにもかかわらず、消費している水産物の出所がはっきりしていない、すなわちトレーサビリティが確保されていないということにある。残念ながら、日本国内にも、IUU漁業に関わる水産物がたくさん流通している。

主要国政府は、IUU漁業を撲滅するためにIUU漁業の取締りを強化することに合意している。国連食糧農業機関（FAO）は2022年に「ブルー・トランスフォーメーション」ビジョンを発表し、IUU漁業を30年までに撲滅する目標も掲げた。また、日本近海では中国漁船による乱獲の実態もあるが、中国政府も23年に、IUU漁業に関与している遠洋漁業には「不寛容（ゼロ・トレランス）」の姿勢で臨むという文書をついに発表した。[22] IUU漁業の国際的な取締りでは、違法漁業防止寄港国措置協定（PSM協定）というものがあるが、中国が加盟するか否かに注目が集まっている。

漁業関係者にはDXのスキル習得が必要になる

ＩＵＵ漁業の撲滅に向け、日本でも今後、漁業者への管理が強化されていく。管理が強化されると、業務負担が増えることになるが、それでも大きなメリットもある。乱獲により魚の資源量がこのまま減り続ければ、そもそも漁業が続けられなくなってしまう。また、アメリカでの研究によると、ＩＵＵ漁業を撲滅できれば、正規漁業の収益は20％上昇するという[23]。ＩＵＵ漁業を撲滅できれば、漁業収益は上昇していくと言える。

ＩＵＵ漁業を撲滅していくには、データが不可欠だ。これには魚の資源量を適格に把握す

20 U. R. Sumaila et al.（2020）「Illicit trade in marine fish catch and its effects on ecosystems and people worldwide」Science Advances,6, 9.
21 IUU Fishing Risk Index
22 中国国務院新聞弁公室（２０２３）「Development of China's Distant-Water Fisheries」http://www.scio.gov.cn/zfbps/zfbps_2279/202310/t20231024_775875.html
23 WWF（2016）「An Analysis of the Impact of IUU Imports on U.S. Fishermen」

るためのデータや、海洋環境の変化よる魚種や魚の資源量を予測するためのデータ、IUU漁業への非関与を把握するための漁船データ、狙った魚種を効率的に漁獲するための漁業支援データなどが含まれる。漁業がデータを用いて効率化すれば、世界全体の漁業管理コストを毎年110億ドル（約1・6兆円）削減することができると見込まれている。[24] これもネイチャーポジティブを目指すことで生まれる新たな産業だ。

このように漁業革命では、水産研究者とデータ専門家が協働することで始まっていく。世界の漁業者数は約3800万人、そして日本の漁業関係者数は約8万人。漁業関係者はデジタルトランスフォメーション（DX）のスキルを修得していくことで、産業革命時代を牽引していくことができるようになる。

養殖市場の雇用はこれからうなぎのぼりに増えていく

魚の資源量が減り、水揚量が増えなくなったことで台頭してきたのが養殖業だ。現在世界の半数以上の水産物はすでに養殖モノになっている。養殖業に従事している人は、世界全体で2100万人おり、漁業者数に近づいている。世界の養殖市場は、年成長率5・5％で拡大するとの見方もあり、実現すると市場規模は２０２２年の２９００億ドルから30年には４２００億ドルにまで拡大する。[25]

一方で、日本では依然として養殖の割合が小さく、２０２１年度の状況では、漁業水揚量が３２５５万トンなのに対し、養殖が９６０万トンにとどまる。日本の養殖業従事者数も漁業の半分の４万人だ。金額換算でも漁業の割合が依然として58・７％を占めており、[26] 養殖のポテンシャルは大きい。

しかし漁業から養殖に移行したからといって、問題が根本的に解決するわけではない。実は、養殖で使用する餌の小魚は、漁業で水揚げされているものが多い。つまり養殖も漁業に依存している。さらに養殖でも抗生物質が大量に生け簀《す》に投下されており、畜産と同じく耐

24 World Economic Forum（2020）「New Nature Economy Report II: The Future Of Nature And Business」

25 Vantage Market Research（2023）「Aquaculture Market Size & Share to Surpass USD 421.2 Billion by 2030」https://www.globenewswire.com/en/news-release/2023/03/16/2628360/0/en/Aquaculture-Market-Size-Share-to-Surpass-USD-421-2-Billion-by-2030-Vantage-Market-Research.html

26 水産庁（２０１８）「平成29年度 水産白書」、水産庁（２０２２）「令和３年度 水産白書」

性菌を発生させる問題を抱えている。養殖は気候変動による海洋環境の変化の影響も受ける。例えば、陸奥湾でホタテガイ、広島湾ではカキが大量に死んでいることが発見されたり、有明海では海苔の生産量が減少する事態が起きている。[27]

そこで、海洋変化の影響を受けない陸上養殖が注目されている。陸上養殖は、漁業を規制する「漁業法」の制約を受けずにすみ、漁業権がなくても自由に養殖ができる。また海洋環境を再現できれば、どんな魚種でも生育が可能で、トレーサビリティも確保しやすい。特に近年、陸上養殖での生産が加速しているのがサーモンで、愛知県や鳥取県ではすでに生産が始まっている。富山県や千葉県などでも具体的なプロジェクトが進行中だ。

しかし、陸上養殖も万能ではない。養殖は大量に電気エネルギーを消費するため、電力確保が課題となる。さらに、河川水系で行う淡水魚の養殖は、周辺環境への影響等も懸念されている。陸上に海洋環境を人工的に再現して養殖する「閉鎖循環式陸上養殖」では、事業事例が少ないため、環境に与える影響がそもそもまだよくわかっていない。そのため水産庁は2023年4月から陸上養殖を「届出制」とし、実態を把握していけるようにした。今後、届出なしで陸上養殖を行った場合は違法行為となる。

国連食糧農業機関（FAO）は、カーボンニュートラルやネイチャーポジティブを達成できる「持続可能な養殖」という概念を掲げ、2030年までに養殖市場規模を20年比で35％以上増やす目標を設定した。持続可能な養殖を実現するうえでは、温室効果ガスの排出を抑制しつつ、養殖場や飼料生産の工程で周辺の生態系を破壊ではなく再生できるやり方を見いだしていく必要があるという。さらに、抗生物質の使用を控えながら、魚の疾病対策も進めなければならない。気候変動に伴う水温上昇の対策や、災害に備えた防災も盛り込まれている。[28]

養殖市場規模の拡大に伴い、養殖での新規雇用はこれからうなぎのぼりに伸びていくだろう。だが、持続可能な養殖を実現するためには、必要となるスキルが変わっていく。魚の消費量の多い日本では、養殖業への期待も大きいが、持続可能な養殖に関するスキル育成への関心が高いとは言えない。国連食糧農業機関（FAO）は、持続可能な養殖に関する事業要

27 前掲書
28 Food and Agriculture Organization（2022）「Blue Transformation」

件も今後整備していく考えだ。持続可能な養殖に関するスキル習得が遅れれば、養殖市場全体の遅れにつながるおそれがある。

食品加工の分野も新たな産業革命の震源地に

産業革命の舞台は、農林水産業という第一次産業だけでなく、食品加工業にまで及ぶ。調達する食材や使用するエネルギーのあり方については、すでにみてきたとおりだ。

そのうえで、食品加工業や食品小売業には、需給が逼迫《ひっぱく》し、無駄にできなくなった食材で、人々の空腹を満たすと同時に、健康的な栄養価の高い食品を提供していくことが社会的なミッションになる。栄養バランスを調整しながら、定番商品の風味や食感をそのまま再現していく食品開発技術のことを「リフォーミュレーション（Reformulation）」と呼ぶ。すでにリフォーミュレーションによる栄養革命は、日本の大手食品メーカーでも始まっている。

持続可能な食材の調達、栄養価の高い食品の開発、おいしさの追求の3つの要件を満たすには、食品開発に関する高度な研究技術を必要としていくだろう。食品加工も新たな産業革命の震源地となる。

第5章

サーキュラーエコノミー化が変える未来

素材革命で蘇る職人技能

1　資源をめぐる現状

天然資源とは何を指すのか

人間社会は、日々の暮らしの中で、大量の資源を消費している。そして、資源には様々な種類がある（図表5－1）。まず、大きく分けて、天然資源と人工資源の2種類ある。そのうち、天然資源は、地球上にある「自然環境資源」ということもできる。天然資源の多くは有限だ。天然資源の中には、木材のように、有限だが再生産が可能なものもある。しかし、植林してもう一度木材にするまでには膨大な時間がかかる。だから「大切に使おう」という話になる。

さらに天然資源を細かく分けると、生物資源と非生物資源の2種類がある。生物資源とは、動植物や微生物などのことで、人間社会は原始時代から、食料、衣類、医薬品、エネルギー源として活用してきた。生物学は英語で「バイオロジー」、生物資源は英語で「バイオ

図表5-1 資源の分類

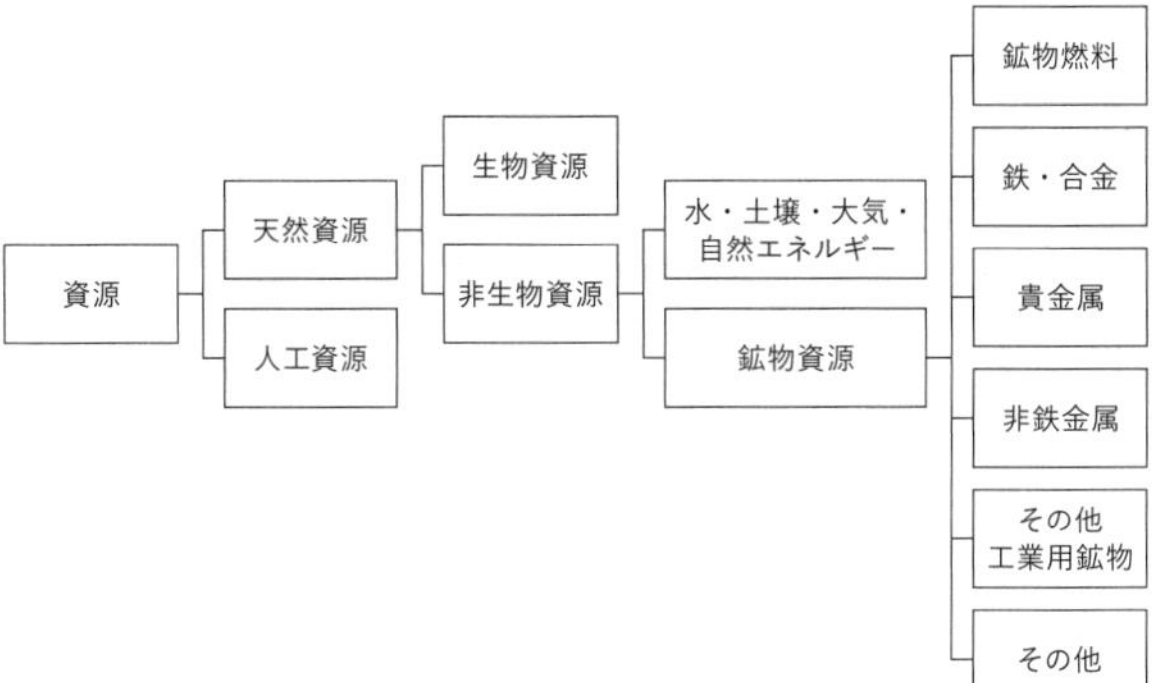

出所：著者

テック・マテリアル」というため、生物資源に関するものには「バイオ○○」という名前がついていることが多い。

もう一方の非生物資源は、さらに2つに分けることができる。１つ目が、水、土壌、大気、自然エネルギーなどの「自然の恵み」に関する資源のことで、古くから家事や農業で活用されてきた。「自然の恵み」に関する資源には、太陽光や風力、地熱のように限りなく無限の資源もある。ただし、水、土壌、大気などはクリーンな状態を維持しないと資源としての価値が損なわれる。

非生物資源の2つ目が鉱物資源だ。人間社会は、毎年約１８０億トンもの鉱物資源を採掘している。[1] 鉱物資源は、建物を立てたり、工業製品を製造したりするために不可欠なもので、現代の人間社会は鉱物資源に相当な規模で依存している。

鉱物資源は大きく5つに分類できる。まず、鉱物燃料。鉱物燃料は、化石燃料とも呼ばれるが、石炭、石油、天然ガス、オイルサンド、オイルシェールなどが有名だ。鉱物燃料は、燃料用途が大半だが、3％程度は化学原料としても使われている。例えば、石炭は製鉄工程で還元剤の「原料炭」としても使われている。また石油や天然ガスは石油化学製品の原料にもなっている。他には、原子力発電で使用されるウランやプルトニウムも鉱物燃料に該当する。

2つ目が鉄及び合金鉄。鉄、クロム、コバルト、マンガン、モリブデン、ニッケル、ニオブ、タンタル、チタン、タングステン、バナジウムなどがある。鉄に鉄以外の鉱物を添加すると「合金鉄」と呼ばれる。

3つ目が非鉄金属。アルミニウム、ボーキサイト、銅、鉛、亜鉛、水銀、錫《すず》、リチウム、ベリリウム、ビスマス、カドミウム、ガリウム、ゲルマニウム、インジウム、レニウム、セレン、テルル、アンチモン、ヒ素などがある。

4つ目が貴金属。金、銀、プラチナ、パラジウムなどが有名だ。宝石として使われるものもあるが、工業用としても使われている。

５つ目がそれ以外の工業用鉱物。ダイヤモンド、アスベスト、珪藻土、黒鉛、石膏、マグネサイト、リン鉱、カリウム、硫黄、タルク、バーミキュライト、ジルコンなどがある。

ここまでの分類に属さない「その他」の鉱物資源には、砂、砂利、石、石灰石、粘土などがある。

天然資源の採掘量は54年間で3・5倍に

天然資源の採掘量は、過去数十年間、増加し続けてきた。１９７０年には３０９億トンだったが、２０２０年には９５１億トンにまで達し、24年の採掘量には１０６６億トンに達する見通しだ（図表５－２）。１９７０年と２０２４年を比較すると実に約３・５倍だ。その要因は、人口増加、経済発展、生活水準の向上の３つがある。特に２０００年以降のアジア新興国の著しい経済発展により、不動産の建設ラッシュが進んだことで、天然資源の採掘

1 World Mining Data（2023）「World Mining Data 2023」

図表5-2　世界の天然資源採掘量の推移

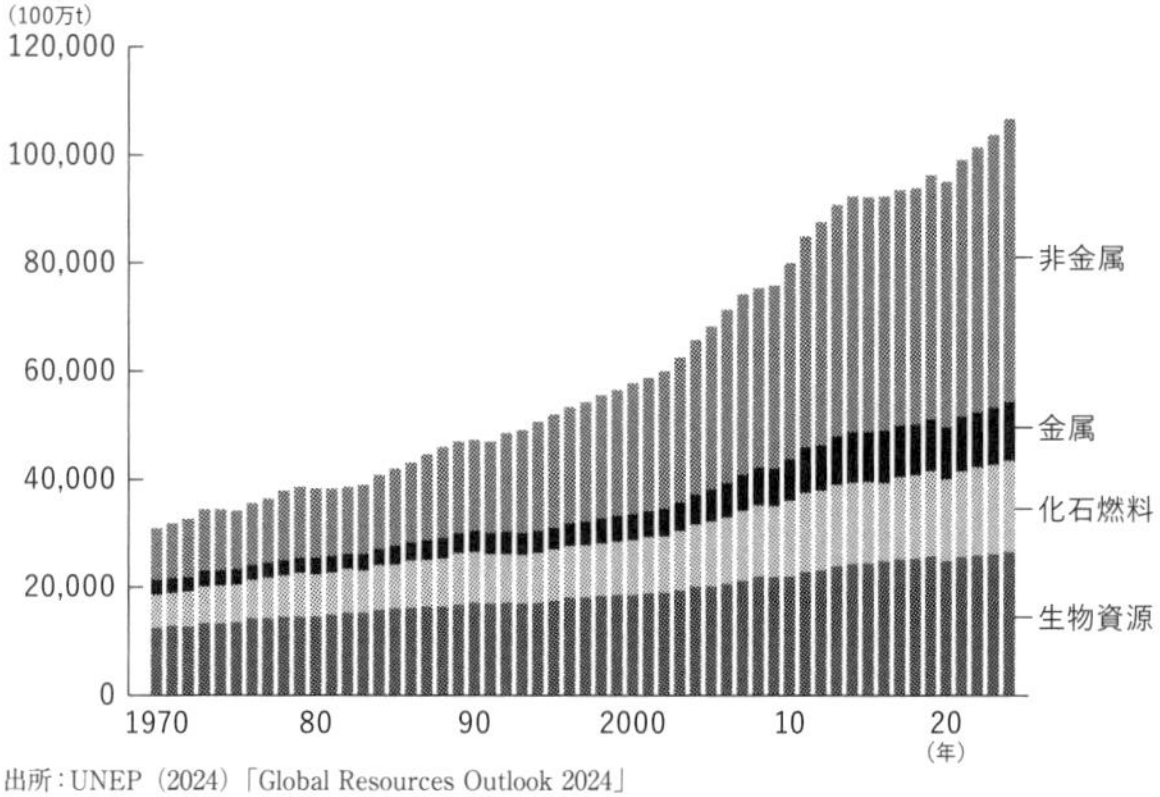

出所：UNEP（2024）「Global Resources Outlook 2024」

量は急増した。

天然資源の採掘量の推移を「生物資源」「化石燃料」「金属」「非金属」に分けて分析すると、1970年には生物資源が最も多かった。だが、90年代に非金属が逆転していき、2020年には48%を占めるまでになった。非金属には、工業用鉱物もあるが、不動産建設で使用される砂や砂利などの採掘量がかなり多い。ちなみに、砂や砂利などは、比較的どの国でも採掘できる天然資源のため、国内で採掘、消費されており、輸出入はあまりされていない。

化石燃料と金属は、生物資源や非金属と比べると資源採掘量が少なく、2020年時点で全体に占める割合が、化石燃料で16％、金属で10％という程度だ。だが、採掘される場所が地球上に偏在しているため、輸出入に回される割合が多い。天然資源の輸出入では、化石燃料が45％、金属が25％を占めている。[2]

日本は多くの化石燃料と金属を輸入に依存しているため、一般的に天然資源というと、化石燃料や金属資源をイメージする人が多いのではないだろうか。

天然資源はどう使われているのか

採掘・採取された天然資源は、どのように使われているのだろうか。2019年の天然資源投入量は全体で1057億トンある（図表5－3）。そのうち天然資源採掘によって調達されている量が962億トンで全体の91％を占めている。残りの9％はリサイクルで再生された原料だ。

2 UNEP（2024）「Global Material Flows Database」https://www.resourcepanel.org/global-material-flows-database

図表5-3　世界の物質フロー（2019年）

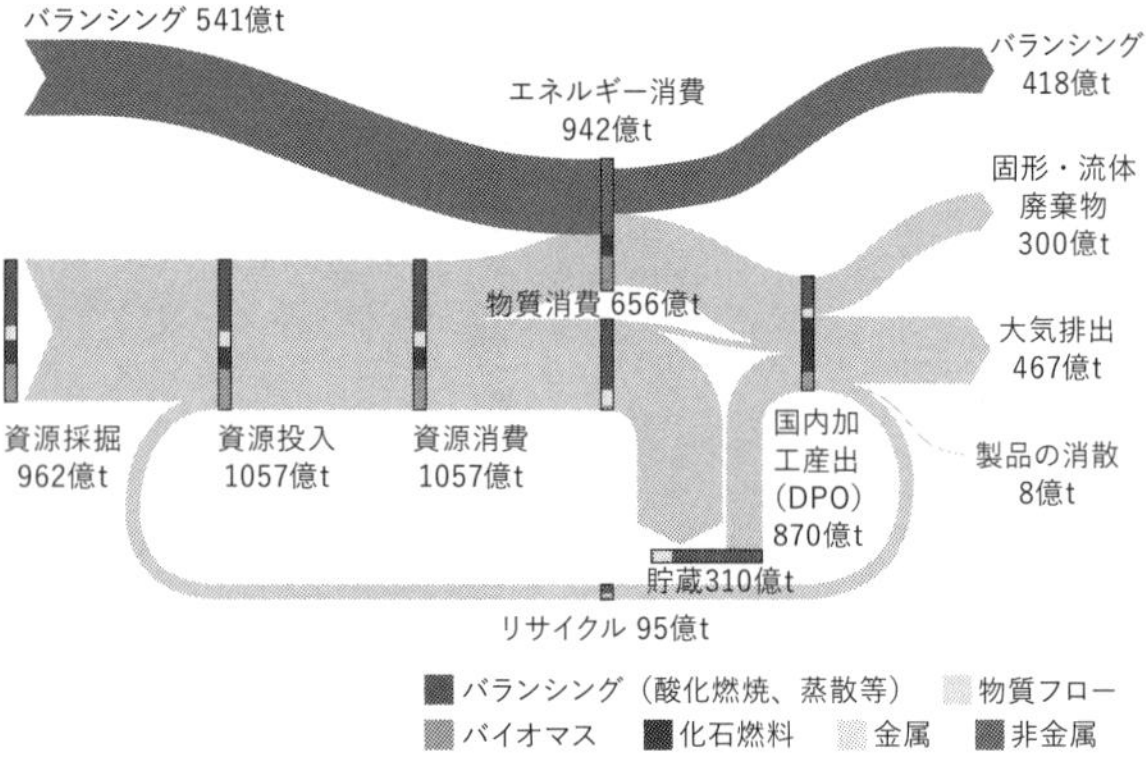

出所：UNEP（2024）「Global Resources Outlook 2024」

１０５７億トンの天然資源投入量のうち、食料として人間の体内エネルギー源となるものと、発電のエネルギー源になるものが合計で40％を占めている。残りの60％が物質資源として使われており、さらにその約半分に相当する約３００億トンが、実際に建物や工業用品として使用されている量になる。残りの半分はどこにいくかというと、素材加工時の熱源として用いられ、４６７億トンは副生物となって大気に放出されていく。

生産された素材のうち、リサイクルされる量はわずか95億トンで11％しかなく、残りは廃棄処分となる。使用している間に消耗され、自然環境に消散していく量も8億トンある。こうして人間社会は採掘した資源の大半を最終的には「ごみ」として廃棄している。

エネルギー革命で資源需要は増加していく

第2章で紹介したエネルギー革命は、天然資源の需要にも大きな影響を及ぼす。まず、化石燃料という鉱物燃料の消費量が大幅に減る。その半面、太陽光発電パネル、風力発電タービン、バッテリー、場合によっては原子力発電を行うための設備の製造のために、鉱物資源が大量に必要となる。具体的には、鉄で約3倍、アルミニウムで約4倍、銅で約3倍、亜鉛やマンガンでは約3・7倍も需要が増える（図表5－4）。

このようにエネルギー革命によって需要が急増する鉱物資源のことを、エネルギー移行という言葉にあやかって「移行鉱物（トランジション・ミネラル）」と呼んだりもする。

また、移行鉱物の多くは、安全保障上の問題も抱えやすい。移行鉱物のうち、国内政治情勢が「極めて不安定」もしくは「不安定」な国で採掘されているものの割合は69％と非常に高い。[3] この比率は１９９６年には56％だったため、需要が増えるにつれ、政情が不安定な国での採掘にますます依存するようになっている。政情が不安定な国では、国内紛争の発生

図表5-4　エネルギー改革での資源需要比較

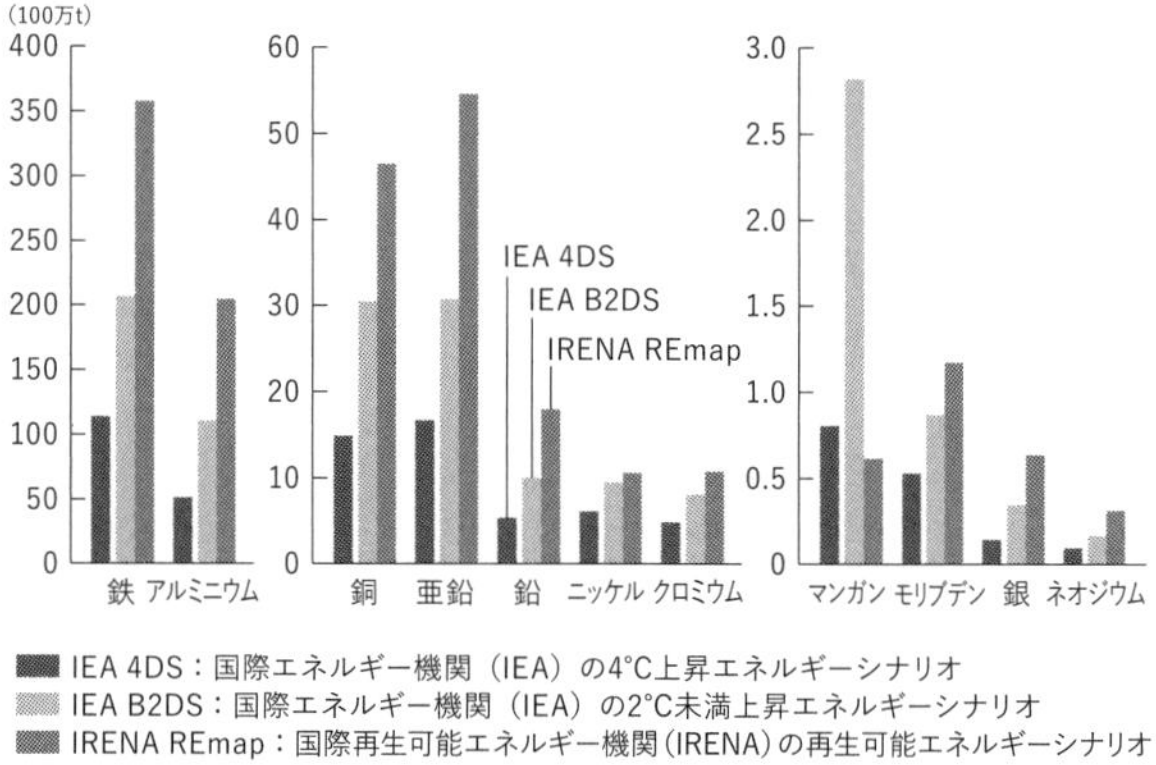

出所：World Bank（2020）「The Mineral Intensity of the Clean Energy Transition」

や、過激政権が誕生するリスクが高く、資源供給が途絶するリスクをはらんでいる。

移行鉱物の採掘が発展途上国で多く行われている背景には、政治用語で「資源の呪い」と呼ばれるものが関係している。「資源の呪い」とは、鉱物資源が豊富な国では、むしろ経済発展が遅れ、経済水準が低下するという現象のことだ。鉱物資源が豊富にあることに甘え、経済全体が鉱物資源輸出に過度に依存し、他の国内産業の発展が進まなくなる。場合によっては、独裁的な政権が誕生し政府が腐敗していく。そうした状態で稼ぎ頭だった資源が枯渇すると経済が悪化し、他国に置いていかれる。「資源の呪い」の現象は実際に複数の国で確認されている。

とりわけ中国への依存度が高い移行鉱物に関しては、安全保障上のリスクが高いと認識されている。世界全体の採掘量に占める中国のシェアは、鉄で16％、アルミニウムの原料となるボーキサイトで18％、銅で９％、亜鉛で32％、鉛で43％、ニッケルで４％、マンガンで６％、モリブデンで38％、銀で14％という状況にある。他にも錫で34％、チタンで34％、タングステンで78％、バナジウムで64％、ガリウムで97％、ゲルマニウムで93％と、中国のシェアはかなり高い。[4]

移行鉱物は、今後需要が急増するにもかかわらず、安全保障上のリスクを内包しているものも多い。そのため「重要鉱物」や「戦略的鉱物」という呼び方もされている。

安全保障上のリスクを下げるには、資源生産国との良好な関係構築や、シェアの低い国での生産を増やすリスク分散、そして、一度採掘して輸入した鉱物をリサイクルして使い続け

3　World Mining Data（2023）「World Mining Data 2023」
4　前掲書

るという合計3つの方法がある。

資源採掘は「環境層」にどう影響しているか

鉱物資源採掘は環境破壊の象徴として扱われることも多い。報道などでは、資源採掘によって森林が破壊されたり、土地が大規模に掘削されたりして、大規模な環境破壊を伴っている映像が度々紹介される。だが、天然資源の採掘が行われているエリアは、世界中の土地の1%未満しか占めていない[5]。面積だけで考えれば、天然資源採掘よりも農業のほうが生態系破壊の関与度は大きい。

だが、資源採掘は、面積あたりの土地改変の規模が農業に比べて格段に大きい。例えば、地表から掘削を始め、地下の資源埋蔵層に到達するまで掘り続ける「露天掘り」という採掘手法では、地表面にある生態系はことごとく破壊されていく。とりわけ、鉱山の44%は生物多様性の豊富な熱帯雨林などに位置しており、露天掘りは貴重な生態系を著しく破壊してしまう。

そのため、近年では、露天掘りではなく、地表から部分的に坑《あな》をあけて、地下だけを掘削する「坑内掘り」という手法に移行しつつもある。だが、それでも環境破壊は避けられない。坑内掘りでも、目当ての天然資源を採掘するため、地中から鉱物を大量に外に掘り出す。その際に、地中に溜まっていた有害化学物質も同時に地表に運び出してしまう。

有害化学物質は、適切に隔離され、影響が出ないようにすることが原則だが、貯留池に隔離されている場合には、貯留池が汚染される。さらに、貯留池から漏出した場合には、周辺の生態系を破壊してしまう。資源採掘による悪影響は、鉱区から半径50キロメートルの範囲にまで及ぶとも言われている。[6]

鉱物資源採掘による生態系破壊は、鉱物資源の需要が高まるにつれ、海洋にまで舞台を広げてきている。海底には、「熱水鉱床」と呼ばれる地形があり、地殻深部に到達した海水がマグマなどに熱せられ、鉱物を含んだまま熱水状態で海底に噴出する。その状態で海水に冷却され、銅、鉛、亜鉛、金、銀などの鉱物資源が海底表面近くに沈殿しているのだ。[7]

5 World Economic Forum（2020）「New Nature Economy Report II: The Future Of Nature And Business」
6 前掲書

すでに、パプアニューギニアでは、民間企業による領海内での海底資源開発活動が始まっており、海洋の生態系にも影響を及ぼし始めている。これがネイチャーポジティブにおける新たな課題となっている。

2　サーキュラーエコノミーという考え方

日本の分別回収・リサイクル政策の目的はどこにあるのか

鉱物資源の採掘は、陸上でやっても、海底でやっても、生態系を破壊してしまう。そこで、鉱物資源の採掘そのものを減らしていく取り組みとして「サーキュラーエコノミー」という考え方が広まった。日本では、サーキュラーエコノミーは「循環型経済」と日本語訳されている。資源を循環させるというと、以前から日本で普及している分別回収やリサイクルを想起させるが、日本で推進されてきたリサイクルの目的と、サーキュラーエコノミーの目的は大きく異なる。

日本で分別回収が始まったきっかけは、1970年代に頻発した公害問題だ。高度経済成長期の中で、日本はごみの増加に悩まされるようになった。国土の狭い日本では、特に都市部のごみを埋め立てる場所が不足し、埋め立て処分に回すごみの量を減らす必要性があった。そこで各地にごみ焼却場が建設された。同時に、公害問題の原因となった有害廃棄物を適切に廃棄処分することも課題だった。そこで国主導で分別回収が奨励されていく。70年代当時、分別回収の目的は、有害廃棄物を適切に回収しつつ、一般ごみについては「燃やせるものを燃やして減量化して埋め立てする」ために可燃ごみを分別することにあった。

だが、それでもごみの量は増え続けた。1990年前後には、家電が大型化するとともに、ペットボトルなどの新しいタイプのごみも登場した。こうして、70年代に想定したよりも早く、最終埋め立て処分場が限界を迎えることが発覚し、ごみ処理計画が破綻した。そこ

7 独立行政法人エネルギー・金属鉱物資源機構「海洋鉱物資源の概要/海底熱水鉱床」https://www.jogmec.go.jp/metal/metal_10_000003.html

図表5-5　ごみ総排出量と
一人一日当たりごみ排出量の推移

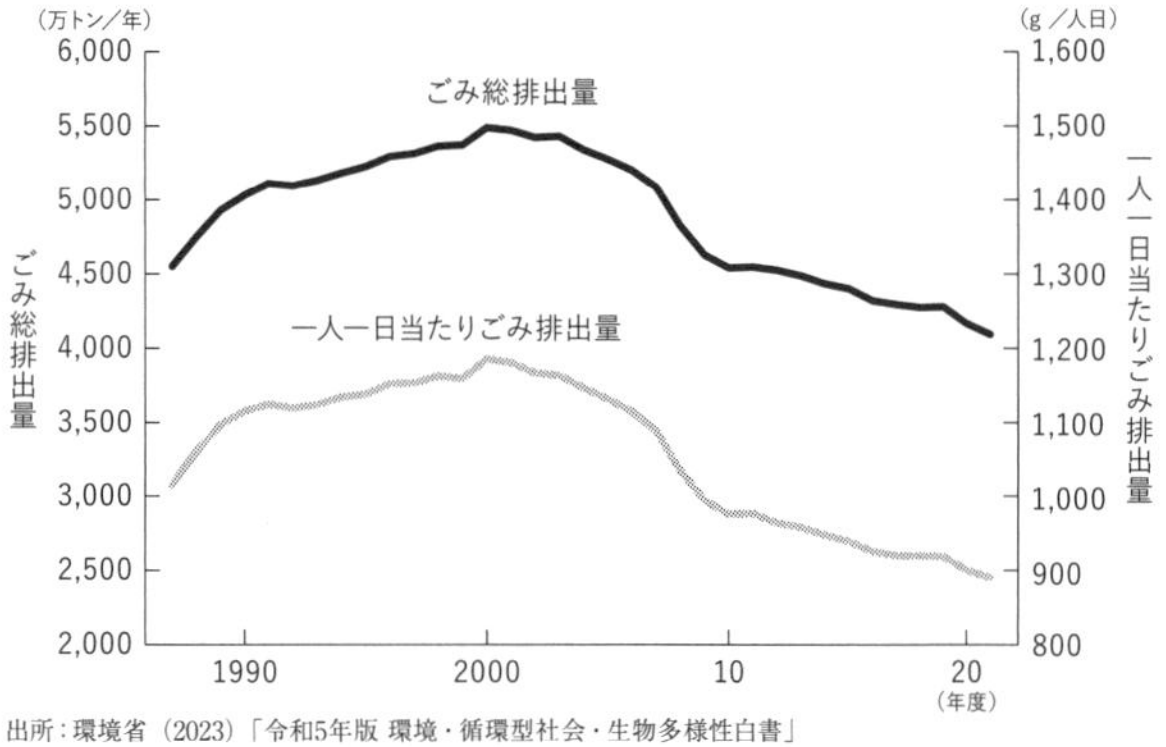

出所：環境省（2023）「令和5年版 環境・循環型社会・生物多様性白書」

で今度は、資源ごみや不燃ごみを分別回収する動きが始まる。具体的には、段ボール、新聞紙、空き瓶、空き缶、ペットボトルなど、リサイクルが容易なごみの分別回収が始まった。テレビ、エアコン、冷蔵庫、洗濯機、パソコン、自動車については、回収・リサイクルを義務付ける法律も制定され、粗大ごみに回される家電廃棄物を減らす努力も始まった。この頃から、環境省は、「削減（Reduce）、再利用（Reuse）、リサイクル（Recycle）」を指す「3R」を推進するようになる。その結果、2000年をピークに、ごみの総排出量と一人一日当たり排出量は減少していった（図表5―5）。

「天然資源採掘を減らす」ことを目的とする概念

ここまでみてきたように、日本の3R政策の実際の目的は「最終埋め立て処分場に送るごみを減らす」ことに置かれてきた。このことは回収されたごみの行方を追っていくとよくわかる。2022年に排出された全国の一般ごみ4034万トンのうち、焼却されて減量化されたものが2913万トンもあり、全体の約72%にのぼる。そして最終埋め立て処分場に送られたものが337万トンあるが、分別回収しなかった場合と比べて量が9%にまで圧縮されている。[8]

また各工程で資源として回収され、廃棄物処理事業者によって「資源化」された量が791万トンある。だが、この資源化には、発電所や工場で燃やされて熱利用されている量も含むため、実際にどれだけ資源として循環しているのかは政府も把握できていない。これでは、天然資源の採掘・採取を減らすことにはつながらないし、サプライチェーンに関する

8 環境省(2024)「一般廃棄物の排出及び処理状況等(令和4年度)について」

安全保障上のリスクを下げることもできない。

反対に「サーキュラーエコノミー」は、天然資源採掘・採取を減らすことを目的とする概念だ。国際的に定着している「サーキュラーエコノミー」の定義は、「廃棄・汚染を全廃する」「製品と素材を循環させる」「自然を再生する」の3つの要素を満たすことが要件となっている。[9] すなわち、ごみを減らすだけではなく、ごみを回収し、再び素材として循環させていくまでがゴールとなる。

サーキュラーエコノミーの2つの資源循環

サーキュラーエコノミーには、大きく2つの資源循環がある（図表5－6）。

まず図の右側のサイクルでは、ごみを回収してリサイクルすることに加え、再利用や修理、レンタルなど、ものを長く使い続けることも含まれる。鉱物資源などの非生物資源は、こちらのサイクルを辿ることになる。

もう一つの左側のサイクルは、生物資源を活用した循環だ。生物資源では、食品廃棄物から新たな食品を製造したり、アパレル天然繊維廃棄物を再生して新たな天然繊維を生産する

図表5-6 サーキュラーエコノミーの概念図

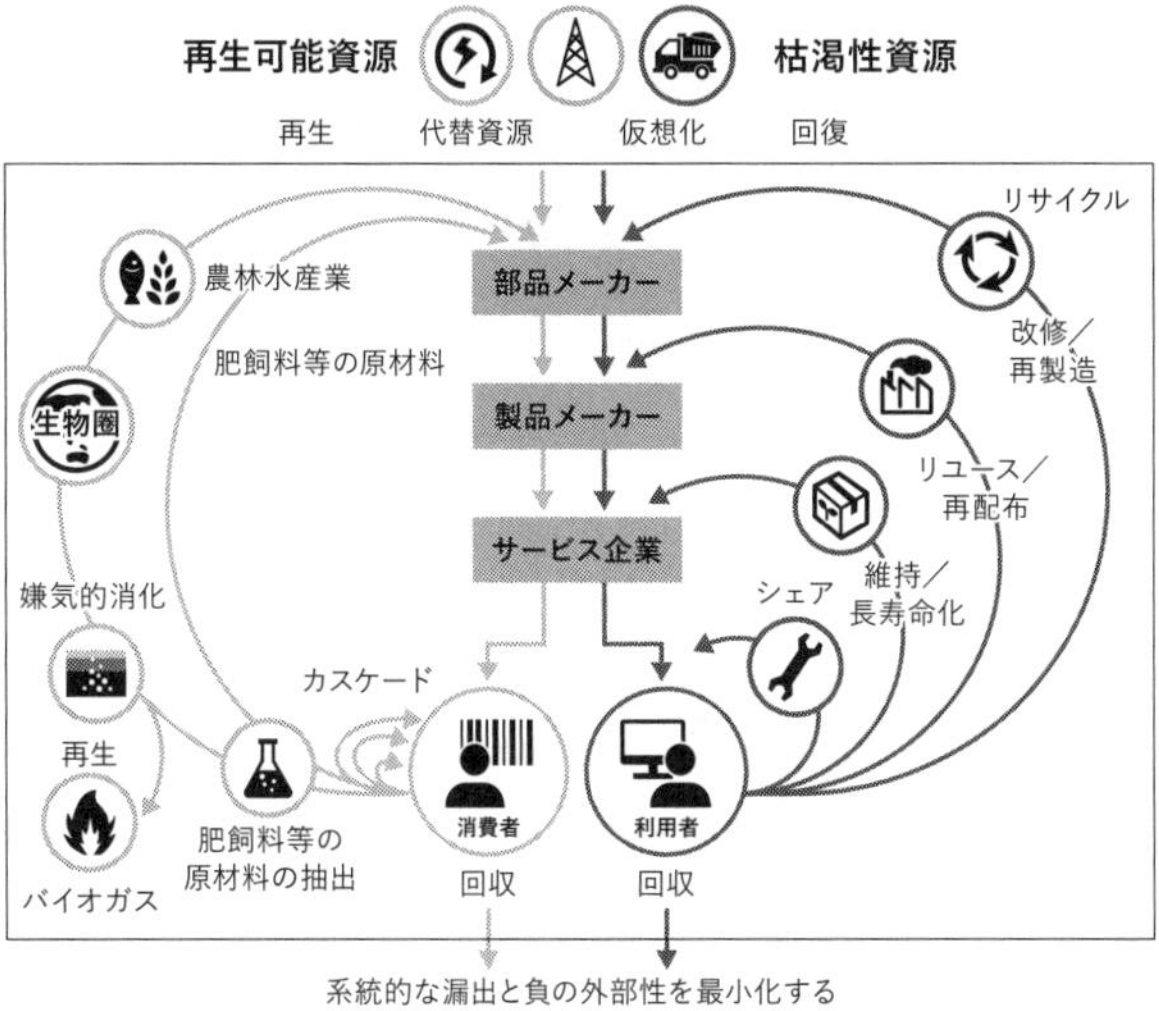

出所：Ellen MacArthur Foundation（2023）「The butterfly diagram: visualising the circular economy」https://www.ellenmacarthurfoundation.org/circular-economy-diagram

という試みも進められている。こうして素材として利用し続ける手法を「カスケード」という。また生物資源廃棄物を化学的に加工して肥料や飼料として使ったり、燃料として燃やしたとしても、再度栽培すれば、再び大気や土壌の化学成分を固定

9 Ellen MacArthur Foundation（2023）「What is a circular economy?」https://www.ellenmacarthurfoundation.org/topics/circular-economy-introduction/overview

し、生物学的に循環させることができる。そのため生物資源は「再生可能資源」とも呼ばれている。

近年、化石燃料由来の資源を生物資源で代替する「バイオエコノミー」と呼ばれる産業が発展してきている。ただし、生物資源を活用すれば、なんでもサーキュラーエコノミーというわけではない。サーキュラーエコノミーの要素の一つである「自然を再生する」を実現させることが前提となる。そのためには、バイオエコノミーで用いる生物資源の生産方法を、第4章でみてきたように持続可能な農業、畜産業、水産業の形にシフトさせなければならない。

世界の品目別のリサイクル率は、建材が20%から30%、紙が58%、鉄鋼が70%から90%といった状況だ。プラスチックのリサイクル率も、ヨーロッパで30%、中国で25%、日本で22%、アメリカで9%という水準にある。[10] 廃車の回収率は、EU（ヨーロッパ連合）では70%を超えるが、電子機器や家電製品では15%と低い。[11]

製品を回収、解体、リサイクルするには、当然エネルギーが必要になる。このことから、サーキュラーエコノミーは、鉱山などから採掘・採取した天然資源を原料とする製品生産

（リニアエコノミー）と比べて、エネルギー消費量と温室効果ガス排出量を増やしてしまうのではないかと危惧する声もある。だが、サーキュラーエコノミーは、エネルギー革命によるカーボンニュートラルと同時に進められており、「サーキュラーエコノミーによって排出量が増える」という指摘は的を射なくなってきている。ヨーロッパでは、新たにリサイクル工場を建設する際に、再生可能エネルギー発電所の建設も同時に計画されたりしている。

10 日本のリサイクル率の出典は、一般社団法人プラスチック循環利用協会（２０２３）「２０２２年 プラスチック製品の生産・廃棄・再資源化・処理処分の状況」のリサイクル率はマテリアルリサイクルの割合。

11 World Economic Forum（2020）「New Nature Economy Report II: The Future Of Nature And Business」

3 カーボンニュートラル化で生まれる雇用・なくなる雇用

2060年までの資源フローシナリオ

国連環境計画（UNEP）の2060年未来予測によると、2020年に1020億トンだった天然資源採掘・採取量は、人口増加と経済発展に伴い、60年には2471億トンへと約2・4倍にまで増える（図表5－7）。

一方で、経済発展により世界人口の半分が高中所得国もしくは高所得国に移行していくため、消費型の経済構造から、付加価値の高い製品やサービス型の経済構造へと移行していく。この効果により、天然資源の需要は縮小し、2060年時点の天然資源採掘・採取量は1621億トンに落ち着くと見立てられている。それでも20年との比較では1・6倍にもなっている。これではネイチャーポジティブには程遠い。

そこで、国連環境計画は、さらなる改善プランとして、「省資源」「気候変動対策」「食料・

図表5-7 2060年までの資源需要削減シナリオ

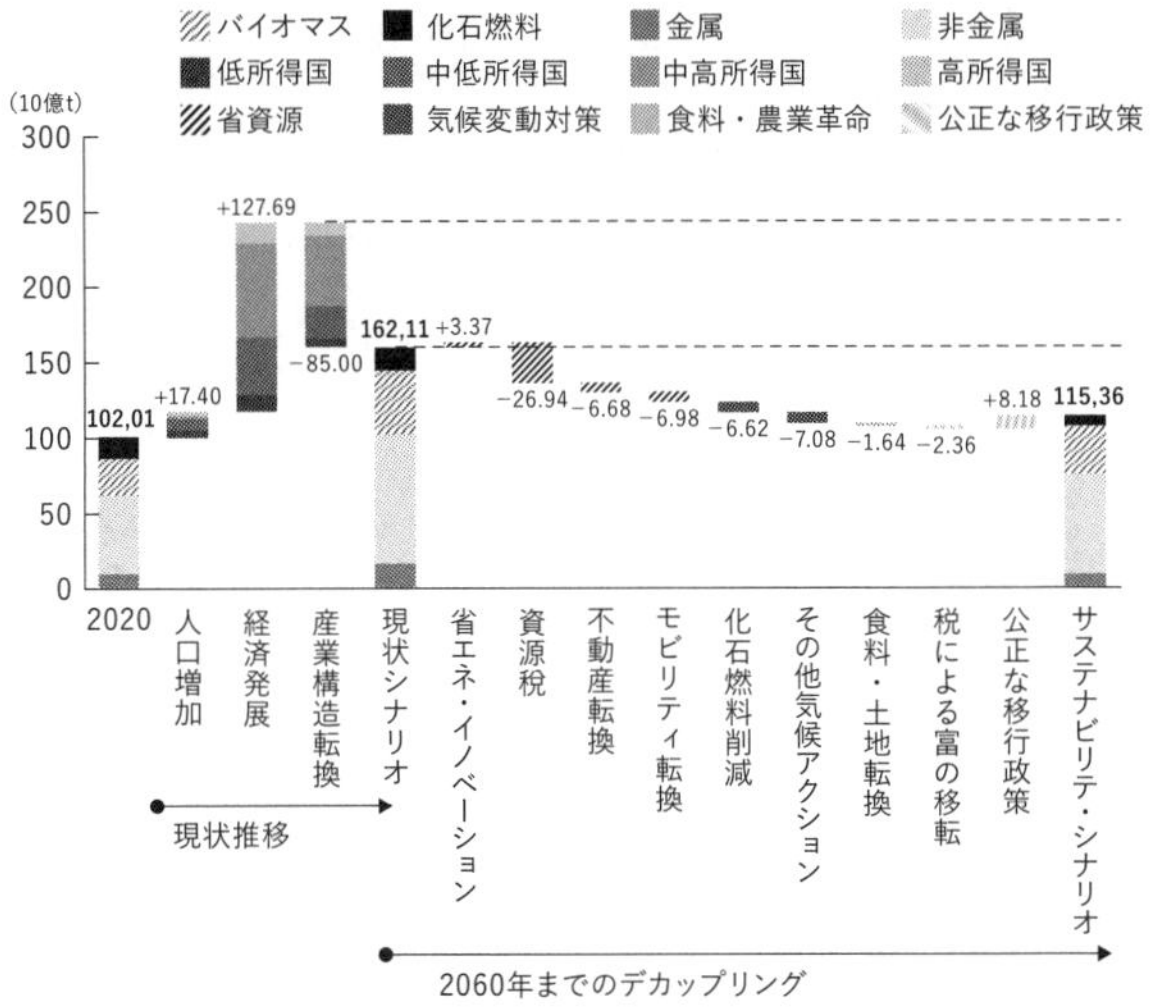

出所：UNEP（2024）「Global Resources Outlook 2024」

農業革命」「公正な移行政策」の4つを実施する「サステナビリティ・シナリオ」を描いた。

「省資源」では、まず技術イノベーションにより省資源を実現させる。省資源によって原料需要が減ると、原料価格が下がるため、それをチャンスと捉えた最終製品メーカーは、売上を伸ばすため生産数を増やそうとしてしまうかもしれない。この反動を防ぐため、同時に資源税を導入し、需要を確実に減らす方向へと需給を調整する。不動産分野では、耐用年数の長い不動産を増やすとともに、空間利用を効率化していき、さらに建材でも木材など生物資源の割合を増やしていく。モビリティ転換では、まちづくりのコンパクトシティ化を進め、必要となる公共交通インフラを減らし、さらに徒歩や自転車でも生活しやすい都市空間を設計していく。

「気候変動対策」では、エネルギー革命を実現させたうえで、森林再生や科学技術を用いた人工的な二酸化炭素除去（ＣＤＲ）技術も社会実装していく。

「食料・農業革命」では、ネイチャーポジティブの観点も含めた持続可能な農業・畜産業・水産業へと転換していくとともに、食品廃棄物・食品ロスの削減や、肉食から草食へのシフトなどの消費者側の行動変容も実施していく。

最後の「公正な移行政策」では、炭素税や資源税によって得た収入を低所得層に分配し、産業革命から取り残されないようにしていく。その結果、低所得層の所得が増えることで、天然資源需要が増えることになるが、この増加分は社会的正義のためには必要なものと捉えられている。

これらの４つの施策を実現する「サステナビリティ・シナリオ」でも、２０６０年には依然として天然資源採掘・採取量が1153億トンもあり、20年時から13%程度増えてしまう。しかし「サステナビリティ・シナリオ」には、サーキュラーエコノミー化による天然資源需要の減少の効果が含まれていない。実際にこのシナリオを作成したUNEPは、サーキュラーエコノミー化により、天然資源需要をさらに削減できる余地は大きいと述べている。[12]

UNEPは、今日の技術水準でも、30%から40%の廃棄物を循環させることができ、それに加えて技術開発とコスト削減を進めれば、循環できる廃棄物をさらに増やすことができるとみている。天然資源需要をどこまで削減できるかは、今後の産業革命にかかっている。

天然資源革命はBRIICS諸国の賃金を減少させる

サーキュラーエコノミーは、天然資源採掘・採取を減らすことが直接の目的だが、さらにその大元の目的は、第2章で紹介したカーボンニュートラルと、第4章で紹介したネイチャーポジティブを達成することにある。カーボンニュートラルとネイチャーポジティブが

12 前掲書

「経済層」にとってもプラスのインパクトをもたらすということは、すでにみてきたとおりだ。

ただし、サーキュラーエコノミー化が進み、天然資源の採掘や採取が減少すれば、天然資源輸出国の経済にはマイナスの影響が出る。

経済協力開発機構（ＯＥＣＤ）の分析[13]によると、天然資源貿易の減少によって引き起こされるＧＤＰへの影響は、ＯＥＣＤ加盟国（すなわち先進国と新興国）ではほぼゼロなのに対し、ブラジル、ロシア、インド、インドネシア、中国、南アフリカのＢＲＩＩＣＳ諸国では２０４０年頃で０・１％幅の減少、その他の国々では全体で０・４％幅の減少となる。このように、経済が天然資源輸出に依存している度合いが強い発展途上国のほうが、経済へのマイナス影響が大きくなる。

同様に国別賃金への影響でも、ＯＥＣＤ加盟国がほぼゼロなのに対し、ブラジル、ロシア、インド、インドネシア、中国、南アフリカのＢＲＩＩＣＳ諸国では０・１％幅の減少、その他の国々では全体で０・２％幅の減少と推計されている。

先進国国内でも、鉱山労働者などのブルーカラー人材は、実質賃金が低下し、失業率が上昇すると予測されている。一方、シェアリングサービス等の新たなビジネスモデルを開発するホワイトカラー人材や、修理やリサイクルなど高度な技術を必要とする熟練労働者や職人は、賃金が上昇し、失業率も低下するという研究結果がある。[14]

前章まででみてきたように、**天然資源革命は、世界経済全体ではプラスの影響を与える。だが、所得によって影響に差が出やすく、高所得者層のほうがプラスの影響が大きくなる。**

天然資源革命がもたらす恩恵を幅広い人が享受できるようにするための施策として、富裕層への税率を上げ、低所得者層への分配を増やすことが提唱されている。そして、それと並ぶ施策に位置づけられているのが、誰もが天然資源革命時代に高所得を得ていけるようにするスキル教育だ。

13 OECD（2021）「Policy scenarios for a transition to a more resource efficient and circular economy」
14 World Bank（2022）「Squaring the Circle: Policies from Europe's Circular Economy Transition」

大きな影響を受けるのは建設・不動産業界と製造業

「サーキュラーエコノミー」によって大きな雇用影響を受ける業種は、天然資源を最も消費しており、かつ土地や海洋を大規模に利用する「まちづくり」に係る建設・不動産業界と、同じく天然資源の消費量が伸びている「ものづくり」に係る製造業の2つだ。

日本の雇用数では、まず建設関連業種の状況をみると、エンジニア職（専門的・技術的職業従事者）が38万人、建設作業員（建設・採掘従事者）が251万人、生産工程従事者が38万人いる。不動産業にもエンジニア職（専門的・技術的職業従事者）が2万人いる。また製造業では、エンジニア職（専門的・技術的職業従事者）が103万人、生産工程従事者が622万人いる。資源革命の影響を受ける雇用数は合計で1054万人にも上る。

その他、資源採掘業も同様に大きな影響を受けるが、鉱物資源が少ない日本では鉱物資源企業に勤務している人は2万人にとどまる。そして、そのうちの半数以上が資源革命による雇用影響を直接受けないトラック運転手の職に就いている人たちだ。[15]

建設関連業種では、天然資源を極力消費せず、さらに建築物を建設するうえでの生態系破壊を最小限に抑える建築設計や都市空間設計、インフラ設計が必須になる。そのためには、コンパクトシティの実現、災害レジリエンスの向上、再生素材やリサイクルしやすい素材の使用率を上げるための資材調達や建築手法開発、人口動態の変化を見据えた柔軟性の高い空間設計、耐用年数の長期化、建築物の再利用等のスキルが不可欠になる。すなわち、建築士や施工管理技士が考慮する範囲が、建築物の周辺の生態系から、建材や設備のライフサイクル全体がもたらす「環境層」への影響にまで拡大していく。

それに伴い、建築物の建設や解体を担う作業員に求められるスキルも、いかに速く正確かつ安全に建設・解体するかから、いかに「環境層」への影響を抑えながら建設・解体するかにまで広がっていく。

同様に「ものづくり」の業界でも、再生素材やリサイクルしやすい素材の使用率を上げるための製品設計や素材選定までがエンジニアには求められるようになる。さらに修理や再利用の需要の高まりに対応できる人も育成しなければならない。これらを実現するために、デ

15 総務省（2024）「労働力調査（基本集計）2023年（令和5年）平均結果」

ジタルツインなどの新たな研究開発も重要になっていく。

サーキュラーエコノミー化で雇用は700万人純増

その反面、天然資源の需要が減れば、天然資源の採掘・採取に関する雇用は減る。国際労働機関（ILO）は、銅、鉄鉱石、石炭、ニッケルの採掘労働者が2030年までに2520万人減少し、鉄鋼や合金を鉄鉱石から一次生産する労働者も1560万人減少すると試算している。使い捨て製品が減ることで、木材や食器の製造に係る労働者も1100万人減少していく見通しだ。

反対に、サーキュラーエコノミー化による新規雇用創出効果は、リサイクルによる鉄鋼の二次生産で1750万人増、家具や家電の修理や中古販売で1670万人増、中古品の卸売流通で770万人増、再生木材加工で300万人増、自動車修理及び中古販売で430万人増と見積もられている。[16] これらの雇用減と雇用増の双方を合算すると、700万人から800万人の純増効果が得られるという。

資源採掘イノベーションでは2800万人の新規雇用

サーキュラーエコノミー化を可能な限り実現したとしても、UNEPの「サステナビリティ・シナリオ」が示すとおり、天然資源の新規採掘をゼロにすることは難しい。そのため、新規採掘に関しては、生態系を破壊しない技術開発やイノベーションが必要となる。

具体的には、資源探査の段階では重要な生態系を保護するために、非侵襲的な探査を実行することや、資源採掘の段階では水銀、硝酸、鉛系のような毒性の高い化学物質の代わりに無害で非化学的なプロセスを用いる検討が進められている。採掘時に使用する水の節約や、廃水リサイクルのための技術開発も不可欠だ。

資源開発に必要になる道路や送電線などのインフラ整備でも、設備を共同インフラ化することで必要最小限に抑えることもできる。鉱石から貴重な成分を抽出した後に残る一般的な副産物（鉱滓《こうさん》）は、鉱山付近に設けられたダムに堆積・貯蔵されているが、決壊すると周辺

16 International Labour Organization（2019）「Skills For A Greener Future: A Global Review」

地域に破滅的な打撃を与えるため、管理のための人員も必要となる。開発が終わった廃坑を修復していく工程も生まれてくる。これらによって2900万人の新規雇用が生まれるという。[17]

カーボンニュートラルとネイチャーポジティブの双方の観点から、生物資源を活用するバイオ産業も成長が見込まれる分野だ。具体的には、生産性の高い林業、持続可能な農林業で生産した生物を原料とするバイオマス燃料、生物由来の原料で生産した化学素材などがある。生物資源を活用して大気からの二酸化炭素を吸収する手法は最近「自然を軸としたソリューション（NbS：Nature-based Solutions）」と呼ばれており、世界的に注目度が高い。太陽光発電と風力発電についても、周辺の生態系を破壊しない手法の開発が切望されている。同時に廃棄された太陽光発電パネルや風力発電の再利用やリサイクルでも新規雇用需要が生まれる。これらにより2600万人の新規雇用創出が期待されている。[18]

最後の分野が、持続可能な資源サプライチェーンの管理だ。使用している資源が、再生素材なのか、あるいは持続可能な資源開発で採掘された素材なのかなどを適切に管理するために、RFIDタグ、ブロックチェーン、人工衛星モニタリング、デジタルパスポートなどの新たなデジタル技術の活用も始まっている。資源採掘や林業の分野には、中小零細企業も多いが、労働者搾取や児童労働といった違法行為に関与していることも少なくなく、こうした人権侵害を防ぐこともトレーサビリティの対象となる。こうした持続可能なサプライチェーンの分野だけでも３００万人の新規雇用創出が想定されている。[19]

ネイチャーポジティブ型まちづくりの秘訣は「ブラタモリ」に

農林水産業、建設・インフラ業、製造業でネイチャーポジティブを実現していくための秘訣は、タモリ氏が司会を務めていたＮＨＫの番組「ブラタモリ」にある。

「ブラタモリ」は、地質学や地理学の側面から地域資源を掘り下げ、街や名所、街道、特産品の成り立ちを紹介してきた。19世紀の産業革命がもたらした「工学アプローチ」では、各地に存在している自然環境の差異を人工的に均質化し、土地開発や製品の量産を効率よく実

17 World Economic Forum（2020）「New Nature Economy Report II: The Future Of Nature And Business」
18 前掲書
19 前掲書

現することを追求してきた。しかしながら、自然環境の差異を均質化する過程で、生態系の破壊を引き起こしてきた。

反対に、「ブラタモリ」は、人間社会がいかにして土地ごとの差異を尊重し、特徴ある街、名所、名産品を育んできたかを解き明かしてきた。これぞまさにネイチャーポジティブ型の経済と言える。「ブラタモリ」は残念ながら2024年3月に放送を終了してしまったが、「ブラタモリ」が紹介してきた人類の叡智は、これからの時代にこそ生きてくる。ぜひNHKには、ナレッジを継承する方法を考えていただきたいと思う。

第6章

AIとホワイトカラーの業務革命

1　ホワイトカラーを直撃するＡＩ産業革命

大きな議論を呼んだオズボーン氏の論文

前章までみてきたように、「環境層」を立て直すための産業革命の影響は、主に電力・エネルギー、製造業、建設・不動産業、農林水産・食品業の特に理系職に集中している。だが文系を含めたホワイトカラー職全般には、別の産業革命が迫ってきている。それがＡＩ産業革命だ。

オックスフォード大学で機械学習を専門とするカール・ベネディクト・フレイ博士とマイケル・オズボーン准教授（当時）が２０１３年に『雇用の未来』という論文を世に出した。そしてこれが大きな話題となった。この論文は、アメリカの労働市場を対象とし、将来ＡＩ（人工知能）の発展がもたらす雇用への影響を初めて定量的に分析したもので、ＡＩによって仕事が奪われるという議論を巻き起こす嚆矢的な存在になった。フレイ氏とオズボーン氏が出した結論は、時間軸は不確実ながらも、10年から20年後には雇用の47％が自動化によって代替される可能性があるというものだった（口絵P４・図表６－１）。

では両氏は、この「47％」という数字をどのように導き出したのだろうか。まず、ＡＩによって代替が難しい仕事の特徴を３分野で合計９つ特定した。その結果が図表６－２だ。そして、アメリカの職業情報提供サイト「Ｏ＊ＮＥＴ」を用いて、特定した９つの特徴が当てはまる職種を抽出し雇用者数を調べていった。

ＡＩ代替リスクが高いと指摘された47％の雇用は、サービス職、営業職、事務職が中心だ。また生産工程従事者やドライバー・運輸作業員もＡＩ代替リスクが比較的高かった。反対に、創造的知性や社会的知性が必要とされた職種では、ＡＩ代替リスクが低かった。また指先の器用さ、手先の器用さ、窮屈な空間での作業が必要な職種では、ＡＩ代替リスクが「低」ではなかったが、

図表6-2　AI代替が難しい仕事の特徴

ボトルネック	内容
知覚と作業	●指先の器用さ ●手先の器用さ ●窮屈な空間での作業
創造的知性	●オリジナリティ ●技術
社会的知性	●社会的知覚 ●交渉 ●説得 ●支援・ケア

出所：Frey & Osborne（前掲書）を基に著者和訳

「中」レベルにとどまった。

AI代替リスクが高い業務はブルーカラーの職種？

フレイ氏とオズボーン氏は、この論文の中で、「人間のヒューリスティクス（経験則や直感的な発見）に関する知識を必要とするゼネラリスト的職種や、斬新なアイデアや成果物の開発を伴うスペシャリスト的職種は、コンピューター化の影響を最も受けにくい」と述べている。ゼネラリスト的職種の代表例としては経営者を、スペシャリスト的職種の代表例は科学者を挙げた。賃金との関係では、低所得の雇用のほうがＡＩ代替リスクが高いと指摘した。

この論文はアメリカの労働市場を対象としたものだったが、２０１５年に野村総合研究所が、両氏との共同研究の形で日本の労働市場を対象とした分析も行っている。その結果、ＡＩ代替リスクの高い雇用は、アメリカよりも多く、49％という結果だった。[1]

論文『雇用の未来』の発表の後、他の研究者から、ＡＩ代替リスクの高い雇用の数が過大に見積もられているという指摘も相次いだ。例えば、ハイデルベルク大学のメラニー・アーンツ准教授（当時）らは、『雇用の未来』への反論として、２０１５年に『ＯＥＣＤ諸国の雇用自動化リスク』[2]という論文を発表し、ＡＩによって代替されるのは、職種の中の一部のタスクだけであり、職種全体がＡＩによってなくなるという主張は煽りすぎているという論を展開した。

アーンツ氏の論文は、職種単位で分析すると、ＡＩ代替されやすい職種とＡＩ代替されにくい職種に大きく二極化するという『雇用の未来』で示されたものと同じような結果になるのだが、タスク単位で分析するとそのような二極化は観測されず、多くの職種が中程度の代替リスクにとどまるという結論を導き出した。そしてＡＩ代替リスクが70％を超える雇用はアメリカで９％、日本で７％強にすぎないと伝えた。

フレイとオズボーンの両氏の論文でも、アーンツ氏の論文でも、ＡＩにより雇用喪失が起こるのは、定型作業の多い職種だという点では共通していた。またＡＩ代替の対象となる雇用の割合が47％なのか、９％なのかという違いはあるものの、ＡＩの性能が進展すれば、代

1 野村総合研究所（２０１５）「日本の労働人口の49％が人工知能やロボット等で代替可能に」

2 Melanie Arntz, et. al (2016)「The Risk of Automation for Jobs in OECD Countries: A Comparative Analysis」

替される雇用が誕生するというメッセージは瞬く間にお茶の間に広がっていった。こうして「ＡＩが雇用を奪う」が世間のテーマとなった。

生成ＡＩの登場で新たな局面に

だがＡＩによる雇用代替の話はこれで終わらなかった。『雇用の未来』から約10年の時を経て、ＡＩと雇用の関係は新たな局面を迎える。その変化をもたらしたのが「生成ＡＩ(Generative AI)」だ。

生成ＡＩは、２０２２年11月30日にアメリカのＯｐｅｎＡＩが「ＣｈａｔＧＰＴ－３・５」をリリースしたことで、大きな話題となった。グーグルも遅れて23年２月に生成ＡＩ「Google Bard」をリリースしている（24年２月にサービス名を「Gemini」に改称）。

「ＡＩ」と一括りにされる技術のうち、それまでは機械学習という手法に焦点が当てられていた。機械学習は、人間が自覚的もしくは無自覚的に行っている認知や行動のパターンを抽出し、段階的に精度を上げ、最終的には自動的に行動を再現できるようにしてしまうという技術だ。この技術を職場実務に応用したのが定型的業務の自動化だ。機械学習による認知や行動の再現は、柔軟性に欠けるため個別事情に対応するには限界があるが、オペレーションミスがないことには大きな価値がある。

一方、生成ＡＩは、機械学習と同様に、認知や行動をパターン化する技術を応用してはいるが、最終的な成果物（アウトプット）として、文章や動画、音声といった「創造物（クリエイティブ）」まで制作することができる。最終的に得たいクリエイティブに関するなんらかの情報を入力すると、欲しいものが自動的に生成され、これまでかかった時間を大幅に短縮することができる。生成ＡＩは、「定型化」というレベルをはるかに超え、クリエイティブ制作という創造的な仕事までもこなすことができるようになった。ホワイトカラーが担ってきた文章作成、図表作成も得意とし、その上、自動音声と組み合わせれば、人とのコミュニケーションもとれてしまう。

フレイとオズボーンの両氏が『雇用の未来』を書いたとき、ＡＩ代替リスクが高い業務はブルーカラーの職種であり、「創造的知性」を必要とする職種は代替リスクが低いと認識されていた。だが、生成ＡＩの登場により、この状況が覆り、ホワイトカラー職でもＡＩ代替が起きていくという未来が出てきた。

サポート職、アシスタント職に近づくリスク

では、ブルーカラー職とホワイトカラー職のどちらのほうが、ＡＩ代替が進みやすいだろうか。その答えは、イギリス産業革命が教えてくれている。本書の冒頭でも触れたように、イギリス産業革命は、給与の高い熟練労働者を代替する分野でこそ始まった。企業にとって、給与水準の低い人をＡＩで代替するより、給与水準の高い人をＡＩで代替するほうが、経済合理性が高いからだ。

こうして「ＡＩが雇用を奪う」の対象は、ブルーカラー職ではなく、ホワイトカラー職に向けられるようになった。国際通貨基金（ＩＭＦ）は、生成ＡＩによってＡＩ代替リスクにさらされる人の数は、世界の就業者の40％に及ぶという予測を出している。国別の影響の違いでは、日本を含む先進国のほうがホワイトカラー職の割合が高いため、ＡＩ代替リスクを抱える雇用の割合は、先進国で約60％、新興国で40％、発展途上国で26％と予測した。[3]

このＩＭＦの報告書は、ＡＩ代替リスクが高いと特定された職種にたずさわるすべての雇用が失われるとはみていない。この報告書では、ＡＩ代替リスクの高い職種には、むしろ生

成ＡＩを巧みに操ることで業務生産性を向上させる人も出てくることも想定されている。これを「補完性」という。例えば、企画職の中でも、生成ＡＩによって調査業務や文書作成、グラフ作成の作業を効率化し、より高いパフォーマンスを上げる人も出てくるだろう。同様に、クリエイターでも、生成ＡＩを使って文章や動画や音声を素早く作成し、次々とヒット作を生み出す人が出てくるかもしれない。

ＩＭＦの分析では、ＡＩ代替リスクの高い人のうち、補完性が高く生成ＡＩと共存できる職種の雇用が45％、反対に補完性が低く、生成ＡＩによって代替されてしまう職種の雇用が55％と弾き出した。補完性が低い職種は、ホワイトカラーやクリエイターの職種の中でも、「サポート」「アナリスト」「アシスタント」と呼ばれる人たちだ。

先進国のホワイトカラーが最も生成ＡＩの影響を受ける

このように生成ＡＩによって、ホワイトカラー職は、追い風を受ける層と向かい風を受け

3 IMF（2024）「Gen-AI: Artificial Intelligence and the Future of Work」

る層に二分されていく。特に若年のホワイトカラー職は、サポートやアシスタントとして仕事を始める人が多く、最もＡＩ代替リスクを抱える。だが同時に若年層は、新しい時代に対する適応能力も高いため、生成ＡＩのスキルを修得し、補完性の高い追い風を受けるポジションを獲得していくだろうとＩＭＦは見立てている。補完性の高い職に就ければ、給与は上がる。反対に、補完性が低い職へと追いやられると給与は下がっていく。

こうして若年層は自らの選択で将来を自己決定できる状況にあるのだが、中高年のホワイトカラー職は、適応能力が相対的に低いため、補完性の高い職に移れる人は少なくなる可能性があるという。この傾向は、年齢が上がれば上がるほど顕著になり、失業して転職すると給与が下がっていくという。さらに、年金制度や失業保険制度が手厚い人ほど、危機感が薄くなり、適応しようという意欲が下がるとまで、ＩＭＦの報告書は語っている。

労働問題を専門的に扱う国際労働機関（ＩＬＯ）も、ＩＭＦと同様の見解に達している。生成ＡＩによって影響を受ける層はブルーカラー職よりもホワイトカラー職に多く、また発展途上国より先進国のほうが多くなる。[4] ＩＬＯの分析では、ＡＩ補完性が低くＡＩに仕事を代替されてしまう人（これが「自動化ポテンシャル」）より、ＡＩ補完性が高くＡＩに業務生

図表6-3 雇用全体のうち 生成AIの影響を受ける雇用の割合

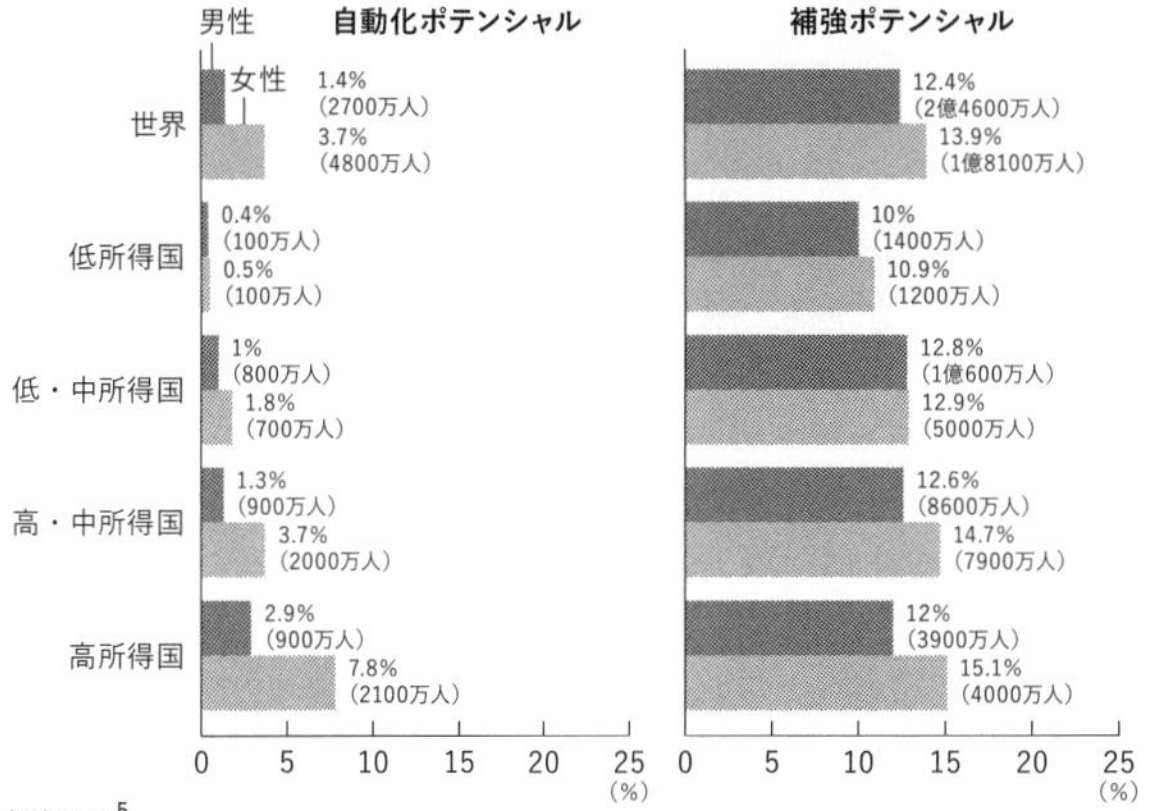

出所：ILO[5]

産を向上させることができる人（これが「補強ポテンシャル」）のほうがはるかに多くなると結論付けている（図表6－3）。

ＩＭＦの分析に比べて、自動化ポテンシャルの割合が大幅に小さいのは、先のアーンツ氏の論文と同様に、職種単位ではなく、職種の中のタスク単位で分析を行っているためだ。

4 International Labour Organization（2023）「Generative AI and jobs: A global analysis of potential effects on job quantity and quality」

5 前掲書

2　生成ＡＩがもたらす「経済層」への影響

生成AIがもたらす産業革命は経済格差を拡大させる？

このように、生成ＡＩが雇用にもたらす影響は、マイナスとプラスの両面がある。さらに俯瞰して、「経済層」への影響を捉えるともう少し複雑な姿がみえてくる。

生成ＡＩは一部の雇用を奪い、その結果として、総雇用者所得（労働者全体の総所得）を減衰させるかもしれないが、生成ＡＩへの技術投資が拡大すれば、雇用需要が増え、総雇用者所得は上がる。したがって、生成ＡＩに取って代わられた雇用から、生成ＡＩによって補完される雇用へ転換が進めば、総雇用者所得の減少を防ぎ、「経済層」へのプラスの影響を引き上げることができる。

ここまでみてきたとおり、生成ＡＩにより雇用が奪われるリスクが最も高いのは、比較的所得の低いホワイトカラー職だ。ＩＭＦの分析（図表６－４）によると、所得が下から30％

図表6-4 所得分布と生成AI影響

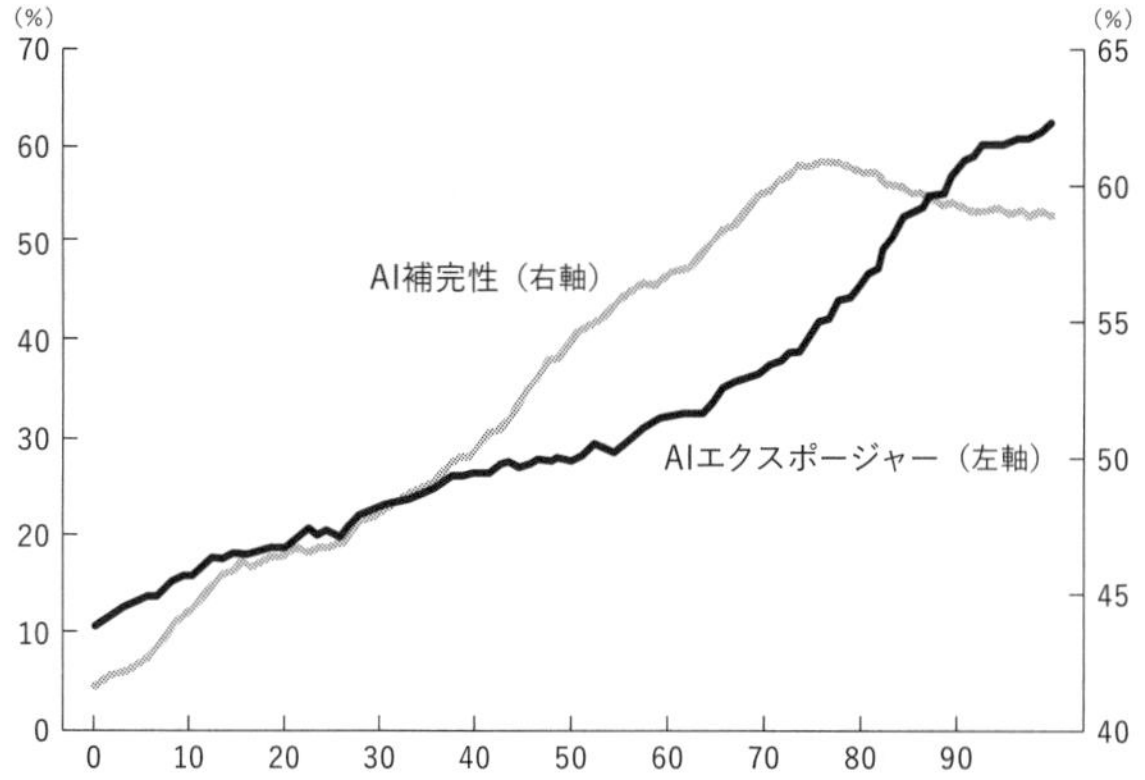

出所：IMF[6]

の層では、ブルーカラー層は雇用代替リスクが低く、生成ＡＩによる賃金の減少が発生しづらいのに対し、ホワイトカラー職は雇用代替リスクが高く、賃金が最も減少していく。

一方、所得が下から30％から80％ぐらいの中間層は、生成ＡＩによる雇用代替リスクが高いものの、同時に補完性も高く、生成ＡＩを活用することで賃金を上げていくことができる。この層では、現在の所得が高い人ほど、生成ＡＩによる賃金上昇の恩恵を受けやすい。

6 IMF（2024）「Gen-AI: Artificial Intelligence and the Future of Work」

所得が上から20％ほどの高所得者層は、地主や投資家として、労働所得ではなく不労所得で稼いでいる場合は、生成ＡＩによる賃金上昇はあまり期待できない。そのため、生成ＡＩによって、高所得者層と中間層の間の所得格差が是正させることを歓迎する向きもある。これを実現するためには、中間層が生成ＡＩスキルを修得し、生成ＡＩを巧みに操り、労働生産性や付加価値を上昇していけることが前提となる。

だが、ＩＭＦは、労働所得だけでなく、資本所得（有価証券や不動産からの所得）も加えた総所得で鑑みると、生成ＡＩによる産業革命は、経済格差を拡大するとみている。高所得者層は、労働所得だけでなく、資本所得も多く、生成ＡＩ市場という新たな投資機会によって、資本所得をさらに増やすことができるようになる。これによって、中間層だけでなく、高所得者層も生成ＡＩによって総所得を伸ばすことができる。

反対に低所得者層は、ブルーカラー職では賃金は横ばい、ホワイトカラー職では賃金が下落していくとともに、資本所得という恩恵にもあずかりにくい。こうして経済格差が拡大していく。

国際的な規模でみても、生成ＡＩへの投資額は先進国で多くなると予想され、先進国と発展途上国の間の格差も広がる可能性があるとIMFは見立てている。

世の中が生成AIを必要とする背景

このようにAIは、低所得ホワイトカラー職の雇用を奪うかもしれないし、格差を悪化させてしまうかもしれない。そこまでしてAIを普及させる必要性はどこにあるのだろうか。

AIは、単純に業務効率を上げ、企業の収益性を上げることが目的になっているわけではない。そうではなくて、最大の促進要因は、「環境層」と「社会層」の状況を改善するために、AIの進化が不可欠だと考えられているということにある。実際に国連はすでにAIがもたらすリスクと機会を多角的に分析する機関を設置し、とりまとめた中間報告書の中で次のように表現している。

「AIの活用は、持続可能な開発目標の達成に向けた進展を加速させ、持続可能な開発、人権、平和と安全を推進する国連の役割と有効性を高めることに貢献できる。例えば、国連は人権侵害を含む世界各地の危機的状況の進展を監視したり、SDGsの進捗を測定したりするためにAIを利用することができる。（中略）国連やその他の国際機関は、食糧不安の予測、救援活動の管理、天気予報などの分野で、有望なＡＩの活用事例や実証を構築し始めている」[7]。

この考え方は、すでに全国連加盟国政府の総意となっている。２０２４年に国連総会の場で、決議『持続可能な開発のための、安全、安心で信頼できるＡＩシステムに係る機会活用』[8]が全会一致（無投票）で採択された。その中でも、持続可能な開発目標（ＳＤＧｓ）を達成するために、ＡＩは必要との認識で一致している。

ＡＩ開発を進めるべきか否かという問いに対し、ＡＩがもたらす雇用や経済への影響という観点からだけでは答えはみえてこない。ウェディングケーキ・モデルに立ち戻り、ＡＩがもたらす便益を、「環境層」や「社会層」の次元にまで広げると、やはりそこにはＡＩ開発を進める必然性がみえてくる。前章までにみてきた「環境層」の状況を好転させるためにも、デジタル化は必須とされている。例えば、ＡＩなしには持続可能な農法を低コストで実現させることは難しい。

思考が柔軟な人ほど給与を高めていくチャンス

生成ＡＩを含めたＡＩによる産業革命に向け、「誰ひとり取り残さない」を実現しつつ、雇用転換をスムーズに進め、ＡＩによる恩恵を幅広い人たちが享受していくためには、一人ひとりのＡＩスキルを高めていくための「教育・再トレーニング」と、所得に関係なくＡＩに接する環境を構築していく「デジタル・デバイドの解消」の２つが処方箋となる。[9]

日本には、事務従事者が１４０６万人、営業職も含めた販売従事者が８１１万人、さらに管理的職業従事者も１２３万人おり、これらの文系ホワイトカラー職は合計で２３４０万人と全雇用の35％も占める。また、生成ＡＩの影響は、理系エンジニアの研究開発や設計、品

7 United Nations（2023）「Interim Report: Governing AI for Humanity」

8 United Nations General Assembly（2024）「Seizing the opportunities of safe, secure and trustworthy artificial intelligence systems for sustainable development」

9 International Labour Organization（2023）「Generative AI and jobs: A global analysis of potential effects on job quantity and quality」

質管理などにも及ぶため、これに全産業の技術エンジニア職３７１万人が加わる。また経営コンサルタント、弁護士、会計士、ＳＥなどの専門的職業も別途３７７万人いる。それらも合わせると全体で３０８８万人となり、全雇用の46%となる。[10]

雇用影響を直接受ける中間層のホワイトカラー職の人は、仕事の中でＡＩや生成ＡＩを積極的に使っていくべきだ。目下、日本の企業や公的機関では、生成ＡＩの使用を積極的に進める職場と、生成ＡＩの使用を制限する職場に分かれてきている。**生成ＡＩの使用を制限する組織で働いているということは、「未来に役に立つスキルを育成する機会を奪われている」と言える。**

低所得者層の人にとっても、特に思考が柔軟な若年層であれば、ＡＩは給与を引き上げていくチャンスだ。次章で説明するように、日本は人手不足が深刻なため、中間層ホワイトカラー職の中途採用も増えていく。ＡＩスキルを磨いておけば、採用市場の中で、既存のホワイトカラー職の人を上回る力を手に入れることができるだろう。

同時に、企業や公的機関は、生成ＡＩの使用を積極的に認めていくべきだ。もちろん、生成ＡＩには、個人情報の問題や、「ハルシネーション」と呼ばれる意図しない誤情報の問題、著作権侵害の問題などもはらんでおり、使い方研修も同時に実施していかなければならない。すでに経済協力開発機構（OECD）は、2024年に「改訂AI原則」を採択し、生成AIを含めたAIの適切な使い方を定めている。企業や公的機関は積極的にこの原則を遵守していくべきだ。

AIに関しては社会全体にまつわる大きなリスクも指摘されている。国連のAIハイレベル諮問機関は、AIに関するリスクについて、偽情報による情報操作、民主主義の破壊、自律的兵器の登場、フィルターバブルと呼ばれる社会分断を引き起こす懸念があると報告している。[11] また、OpenAIやグーグルなどの先進的な企業の元従業員らは、これらのAIリスクに対処するには、政府の規制強化が必要であり、そして政府や市民が正しいリスクを認識するためにも、元従業員や現従業員が内部通報や外部告発をしやすい環境をAI企業が整備すべきだと訴えている。[12]

10 総務省（2024）「労働力調査（基本集計）2023年（令和5年）平均結果」
11 United Nations（2023）「Interim Report: Governing AI for Humanity」
12 Right to Warn（2024）「A Right to Warn about Advanced Artificial Intelligence」

所得に関係なくAIに触れられる環境整備を

社会人になる前の学校教育の現場でも、AIの積極活用は始まっている。

文部科学省は、「初等中等教育段階における生成AIの利用に関する暫定的なガイドライン」を発行し、生成AIを学校で活用するうえでの望ましい例と望ましくない例を示した。そして望ましい例として、従来のようにレポートや読書感想文をそのまま書いて提出させるのではなく、生徒が生成AIを使うことを前提としたうえで、ハルシネーションの問題や、生成AIの回答に不足しているものを回答させるなど、生成AIとのうまい付き合い方を考えさせる課題を出すべきだと推奨した。加えて、情報モラルを含む情報活用能力も学校で教えることを提唱している。[13]

日本には、教員数が170万人、学習塾などで働く教育関係者が250万人おり、これら420万人のリスキリングも進めていかなければならない。またどれだけ教育やリスキリングの機会を設けたとしても、日常的にAIに触れられる人と、触れられない人の間には、習熟度に差が出てくる。そうなれば、結局は現在の格差が未来の格差を引き起こす構造を変えることができない。

そこでデジタル・デバイドの解消というもうひとつの柱となる。そもそも、世界にはインターネット環境にアクセスできない人がまだ26億人もいる。[14] 日本でも2022年のインターネット個人利用率は84・9%にとどまっており、[15] 完全に普及しているわけではない。

日本では2021年当時の菅義偉政権の政策で、携帯電話通信料が約4割下がり、国際的にも安い水準となった。今度はAIについても低価格で国民に行き渡るような政策を政府は進めていくべきだ。

AIを開発する側の企業も、AI人材が自然と育ってくるのを待つのではなく、若年層には所得関係なくAIに触れられる環境を提供し、その中から優秀な人材を積極的に発掘していくことをおすすめする。

13 文部科学省(2023)「初等中等教育段階における生成AIの利用に関する暫定的なガイドライン」
14 International Telecommunication Union (2023)「Facts and Figures 2023」
15 総務省(2023)「令和5年版 情報通信白書」

第7章

少子高齢化がこれから職場にもたらす激変

人口減少とダイバーシティ・インクルージョン

1　深刻化する日本の人手不足

コロナ禍で加速した人口減少

「社会層」の変化の中で、雇用影響に関するＡＩと並ぶテーマが少子高齢化だ。日本の総人口は、２０２０年の国勢調査では１億２６１５万人だったが、２０７０年には８７００万人にまで31％減少する見通しだ。高齢化を示す総人口に占める65歳以上人口の割合は、２０２０年の28・６％から２０７０年には38・７％へと上昇する。

日本の人口減少は２０２０年からのコロナ禍で拍車がかかった。日本で最初に緊急事態宣言が発出された20年４月以降、少なくとも22年後半までに初婚数や出生数の減少が観察されている。また、コロナ禍では外国人の入国も止まり、出国が相次いだ。その結果、外国人が日本で出産する数も減少した。厚生労働省によると、合計特殊出生率は、20年の１・33から23年には１・20にまで低下した。

図表7-1 日本の将来人口予測

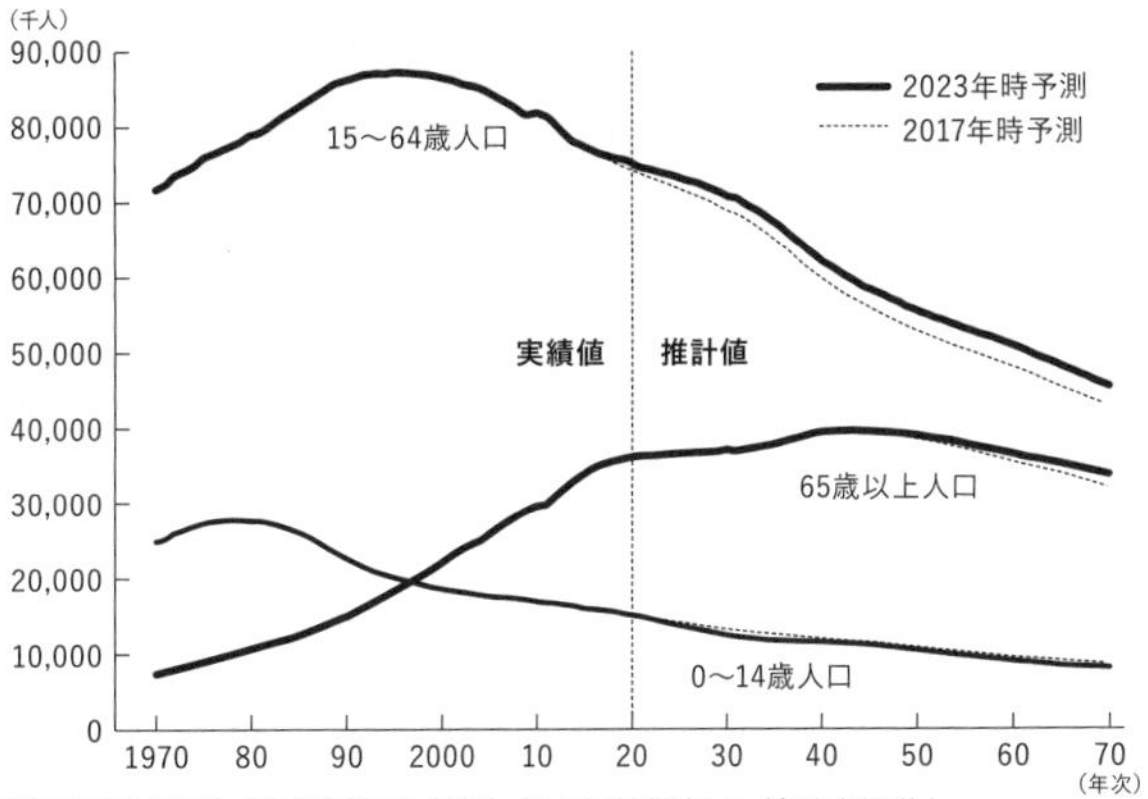

出所：国立社会保障・人口問題研究所（2023）「日本の将来推計人口（令和5年推計）」

そして、２０６５年の合計特殊出生率は、１・35まで緩やかに上がるものの、人口維持に必要な２・07には届かないと予測されている。さらに悪いことに、65年の合計特殊出生率は前回17年時に推計された１・44から大きく下落している。[1]

人手不足倒産が過去最多を更新

日本では15歳から64歳までの男女人口（これを「生産年齢人口」という）が１９９５年に８７１６万人でピークを迎えた。そこから

1 国立社会保障・人口問題研究所（２０２３）「日本の将来推計人口（令和５年推計）」

減少が始まり2022年には7496万人にまで下がった。だが、実際に働いている人を指す「就業者数」は、概ね6200万人から6500万人を維持し、さらに17年以降に上昇を遂げ、いまでは6700万人台にまで回復している。

生産年齢人口が減っているのに、就業者数が増えた要因は、就業率が低かった女性と高齢者の就業率が上がったためだ。第2次安倍政権が誕生した2012年に改正高年齢者雇用安定法が制定され、「継続雇用義務制度」が導入された。かつては60歳が定年と言われたが、この制度により、従業員が希望すれば、一定の年齢になるまで雇用を継続することが企業に義務付けられた。「一定の年齢」は、13年4月からは61歳、16年4月からは62歳、19年4月からは63歳、22年4月からは64歳、25年4月からは65歳へと徐々に上がっていくことになっている。21年4月には70歳までの就業確保も努力義務として課された。

加えて、2015年には「女性活躍推進法」が制定され、常用労働者が301人以上の企業は、女性従業員数を増やしていくための行動計画の策定・届出・公表が義務付けられた。こうして、第2次安倍政権は、女性と高齢者の就業率増で、労働力不足を乗り切ろうとしてきた。

図表7-2　就業率の推移

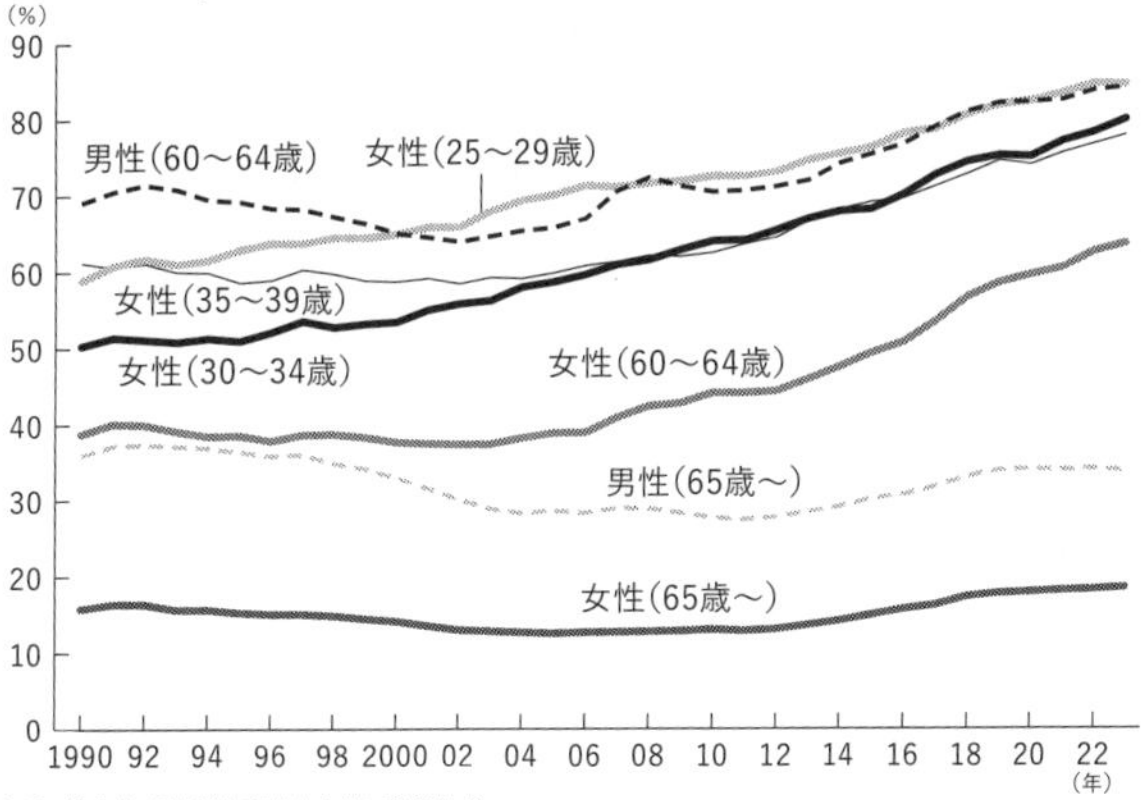

出所：総務省「労働力調査」を基に著者作成

その結果が図表７－２だ。１９９０年には60歳から64歳の男性の就業率は69・２％だったが、２０２３年には84・４％にまで上昇した。女性の就業率も25歳から34歳では１９９０年は50％台だったが、２０２３年には80％台に到達。35歳から39歳でも１９９０年の61・35％から２０２３年には78・１％となった。さらに60歳から64歳では１９９０年にはわずか39・０％だったが、２０２３年には63・８％にまで上昇した。

特に注目していただきたいのが、２０２０年から22年までの状況だ。この３年間はコロナ禍で、ロックダウンが発動されたり、休業要請が発出されたりと、報道では解雇に関す

図表7-3　人手不足倒産件数の推移

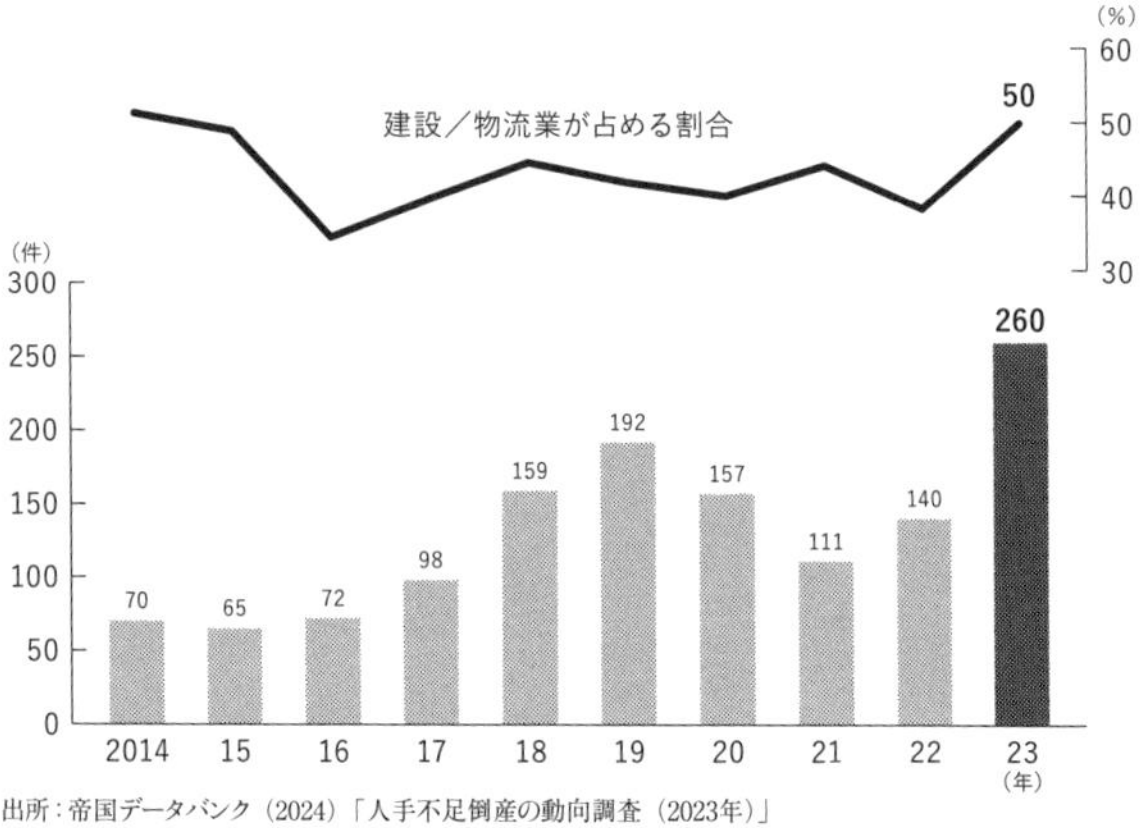

出所：帝国データバンク（2024）「人手不足倒産の動向調査（2023年）」

るものが多かった。だが実際には、日本ではコロナ禍でも就業率は下がることなく上昇を続けた。コロナ禍による休業以上に、人口減少による人手不足のほうが深刻だったからだ。

新型コロナウイルスは、２０２３年５月８日に感染症法上の位置づけが２類から５類に変わり、臨戦態勢が解除された。当然、国内での人流の回復に加え、訪日外国人観光客も増えた。そして、人手不足がますます深刻になった。

人手不足による倒産件数は、２０２３年に過去最多の２６０件を記録した。特に、そのうち建設・物流業が約半数を占めた。22年から23年にかけ人手不足による倒産件数は全体で1・9倍なのに対し、建設業では2・7倍、物流業では2・0倍だった。それに加えて、建設業と物流業では、24年4月から働き方改革関連法の適用が始まり、残業時間制限などの労務管理が厳格化された。こうして24年には、特に物流業での人手不足が深刻になることを指して「物流2024年問題」と呼ばれるようになった。

追い打ちをかける「2030年問題」と「2035年問題」

2024年4月時点の有効求人倍率[2]にはこの厳しい状況がよく表れている。最も人手不足が深刻な職種が建設・採掘従事者で、1つの求人に対し該当する求職者が0・21人しかいない。とりわけ建設躯体工事事業者に関しては、1つの求人に対し該当する求職者が0・11人しかおらず、採用したくてもほぼ採用できない状態だ。

サービス職業従事者、販売従事者、輸送・機械運転従事者でも状況は同じだ。有効求人倍

2 厚生労働省（2024）「一般職業紹介状況（令和6年4月分）」

率でみると、１つの求人に対し該当する求職者がおおむね０・５を下回っている。生産ラインの機械整備や修理は０・25人で、せっかく生産ラインを機械化して生産性を上げようとしても、故障したら修理する人がいない。医療従事者などのホワイトカラー職でも人手不足は深刻だが、ブルーカラー職のほうが状況は悪い。

さらに追い打ちをかけるのが「２０２５年問題」と「２０３５年問題」だ。２０２５年には、１９４７年から49年に生まれた第１ベビーブームの団塊世代が75歳以上の後期高齢者になり、後期高齢者比率が18％に到達する。すると、後期高齢者が優遇待遇を受けている医療保険を支えるために、現役世代の社会保障負担が一気に増える。

２０３５年には、65歳以上の「高齢者」の割合が世界で初めて全人口の３分の１を超える。10年に22・８％だった高齢者比率が一気に１・５倍に上昇する。現役世代にのしかかるのは資金だけではない。高齢者が増えれば親の介護などで時間的な負担も増える。仕事と介護に同時に従事する「ビジネスケアラー」は、30年には約３１８万人にまで増え、労働時間が減ることによる経済損失額は約９兆円に上ると試算されている。[3]

このように日本では人手不足が喫緊の課題だが人口減少はこれからが本番だ。人口が減れば、消費市場もしぼみ売上は減り、経営状態は悪化する。そして、この状況下で、前章までみてきた各種の産業革命を実現しなければならない。日本社会は２０２０年代に全く異次元の経営環境に突入していく。

2　労働生産性を上げるという解決策

過労死とワークライフバランス

人手不足を解消するためには、基本的に３つの選択肢しかない。従業員一人ひとりの労働時間を長くするか、労働時間を長くせずに労働生産性を上げるか、それとも新たな労働力を確保するかだ。

3　経済産業省（２０２３）「新しい健康社会の実現」第13回 産業構造審議会経済産業政策新機軸部会資料

日本では長年、労働時間を短くし、労働生産性を上げることが、労働政策の基本だった。戦後になり、1947年に施行された日本国憲法は、第27条第2項で、「賃金、就業時間、休息その他の勤労条件に関する基準は、法律でこれを定める」と規定しており、同年に労働基準法も公布された。そして労働基準法で「人たるに値する生活」を保障するために、労働時間を1日8時間・週48時間や、女子・年少者の深夜就業禁止などの最低基準が設けられた。こうして憲法により、労働時間は短くしていくという方向性が確定した。

バブル経済期の1990年代後半に労働時間が長くなると、1987年の労働基準法改正で、労働時間が週48時間から週40時間に短縮することが決まり、93年までに段階的に徹底がなされた。

時を同じくして、1991年には大企業での「過労死」事件がセンセーショナルに報じられた。すると、翌92年に時短促進法が制定され、年間の総実労働時間を1800時間以内に抑えるという目標を設定し、事業者に対し労働時間短縮推進委員会設置の努力義務を課した。この法律は2001年までの時限立法だったが、その後期限が5年延長され、06年に「労働時間等設置改善法」と名称を変え、期限の定めのない法律となった。ちなみにリーマンショック時の09年に初めて総実労働時間が1800時間を下回り、いまでは1700時間程度にまで下がっている。

バブル崩壊後の日本経済では、人手不足ではなく、不況による人余りが大きな経営課題となった。そして人件費削減のため、職能ではなく仕事の内容や成果に応じた人事制度への転換や、社員の非正規化が断行された。加えて、1998年の労働基準法改正で、裁量労働制を企業の企画部門にも適用できるようになった。これも労働時間ではなく、労働の質によって給与を払うという考え方が背後にあった。

一方、2003年に少子化対策基本法が制定され、ようやく将来に向けた少子化対策が始まる。将来の人手不足に対しては、出生率を上げることが基本路線として掲げられ、企業に対し、労働時間の削減、育児休暇制度の充実、子育て従業員のための時短勤務制度や事業所内託児施設の整備を基本路線として奨励していった。その流れを受け、2000年代には「ワークライフバランス」という言葉が頻繁に用いられるようになる。

上がらない労働生産性

しかし、少子化対策基本法を制定しても、政府が期待したほど出生率は上がらなかった。そこで、今度は労働生産性の向上が模索されていく。2007年の労働経済白書では「ワークライフバランスと雇用システム」がテーマとなり、その中には「働き方を見直すことで、仕事の効率と労働生産性を高めていくことも大切」「日々の仕事に意欲をもって取り組むことができれば、労働生産性はさらに向上させることも期待できる」という文言が挿入された。

一人ひとりの労働の効率のことを専門用語で「労働生産性」という。労働生産性とは、「総労働時間（従業員数×労働時間）」を分母とし、「経済活動」を分子として、同じ労働時間でどれだけの経済活動を行ったかという数値のことだ。「経済活動」の測り方については、「GDP（生産量×物価）」で表す場合と、物価の影響を除外して「生産量」で表す場合の2つがある。

過去数十年、「日本の労働生産性は低い」と言われてきた。GDPを分子とした労働生産性は、他の先進国では年々上昇してきたのに対し、日本は2000年から比べてわずか13％

図表7-4　主要国の労働生産性の推移（2000年時データ=1）

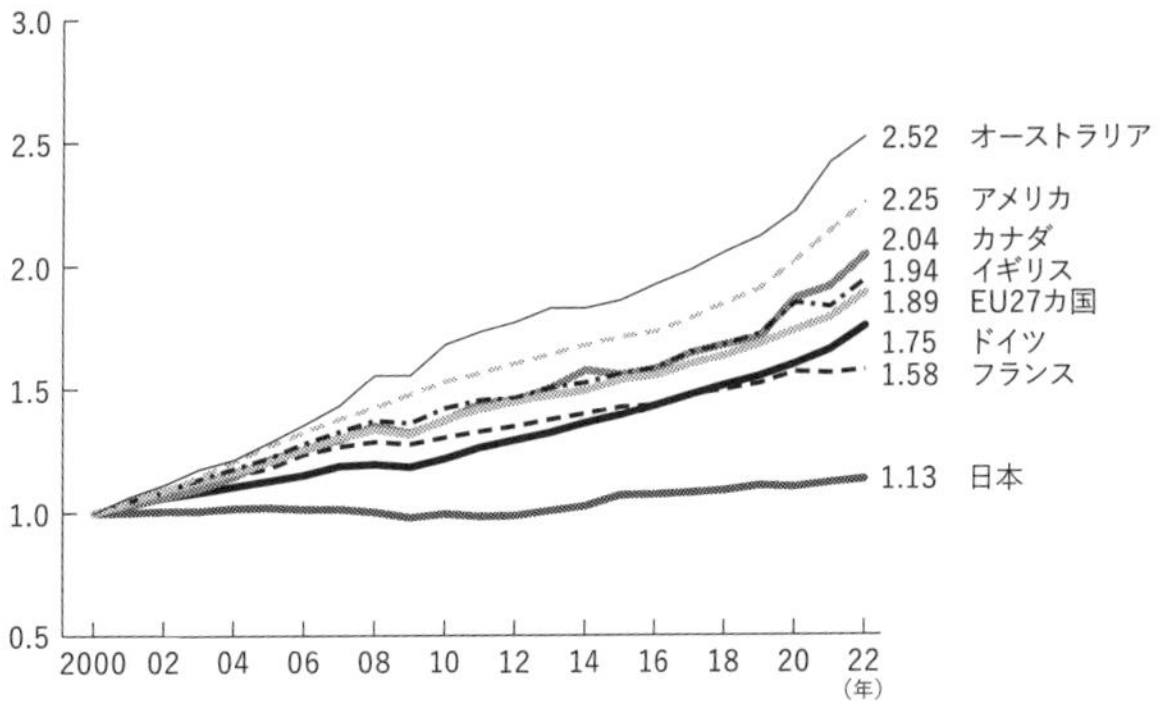

出所：OECD　GDP per hour worked, National Currencyで計算

しか上がっていない（図表7－4）。購買力平価（PPP）で為替換算し、国際比較すると、22年の日本の労働生産性はOECD加盟38カ国中30位と低迷している。

日本の労働生産性が低い要因は一つではないが、多くの有識者が指摘しているのがデフレだ。デフレとは、世の中のモノやサービスの価格（物価）が継続して下落している経済状態のことだ。内閣府は「日本経済は、1990年代半ばよりデフレの下にある」[4]と表現しており、長くデフレが続いている。[5] 仮

4 内閣府（2003）「平成15年度 年次経済財政報告」

に物価が上がれば、計算上は図表7－4の数値は上がっていくことになる。今後、日本の経済界全体が中小企業も含めて賃上げをし、取引先に価格転嫁していけば、日本の順位も上がっていくと言える。

ICTで労働生産性が上がった業種、上がらなかった業種

だが、少子高齢化で人手不足に苦しむ日本にとって、本質的に重要なのは、GDPを分子とした労働生産性ではなく、「生産量」を分子とした労働生産性のほうだ。デフレによる物価の影響を排除し、純粋な労働生産性をみると、業種ごとに傾向が違うことがわかる（図表7－5）。

まず2010年以降に大きな改善をみせた業種が、金融、化学、宿泊で、30％から40％も労働生産性が上がった。これらの業種では、ICTを活用し、自動化や省人化がスムーズに進んだと言える。

反対に、電子部品、飲食、不動産、卸売、金属製造では、2010年以降に、むしろ労働生産性が大幅に悪化している。労働生産性改善が経営課題として認識されてきたにもかかわ

図表7-5　業種別の労働生産性推移（2010年時データ＝1）

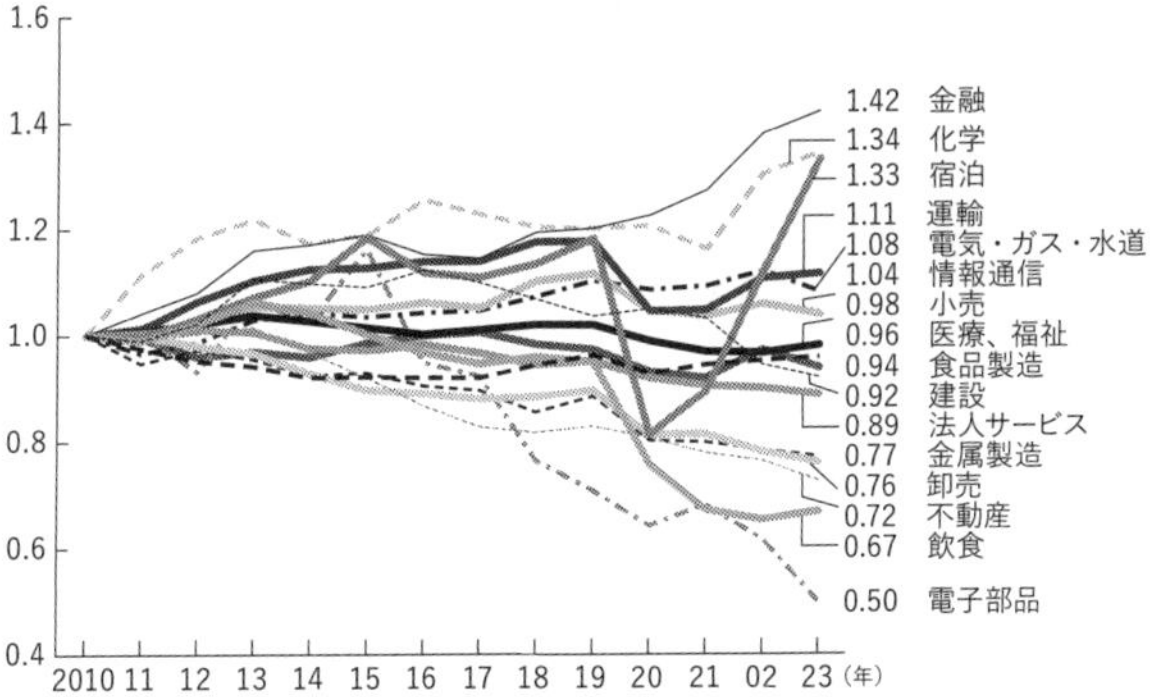

出所：日本生産性本部（2024）「生産性統計〈産業別月次生産性統計〉」より

らずだ。さらに、それ以外の業種でも、10年から労働生産性がほぼ横ばいで、業務改革が思うように進んでいない。

労働生産性が改善されていない業種では、ＩＣＴ導入が全く進んでいないというわけでもない。２０１７年の時点で、日本企業のうち87％がパソコンを活用しており、74％が情報システムを導入している。[6] 多くの企業はすでにＩＴを活用した経営を行ってはいる。真の課題は、**いったんは導入したＩＣＴが、高**

5　首相官邸（２０２４）「岸田内閣総理大臣記者会見 令和6年3月28日」

6　総務省（２０１７）「ＩＣＴ利活用と社会的課題解決に関する調査研究」

度化されていっていないということにある。

この状況を経済産業省は、次のように表現している。

「ＤＸ（著者注：デジタル・トランスフォーメーション）によりビジネスをどう変えるかといった経営戦略の方向性を定めていくという課題もあるが、そもそも、既存システムが老朽化・複雑化・ブラックボックス化する中では、データを十分に活用しきれず、新しいデジタル技術を導入したとしても、データの利活用・連携が限定的であるため、その効果も限定的となってしまうという問題が指摘されている」[7]。

ＩＣＴ活用のために日本企業が導入してきた情報システムの多くは、各事業部が既存の業務フローに合わせて個別に開発したことが原因で、会社全体でのシステム統合が難しくなっている。さらに、システムを改修しようとしても、開発したときの社内担当者やベンダー側開発者はすでに退職してしまっている。システム開発の文書化も十分にされていないため、システムの中身を把握することもできない。この状況でシステムを改修するには、膨大な労力と費用がかかるため、結果的に既存システムを使い続ける道を選んでしまう。そうこうしている間に、ノウハウを持った社員がさらに退職していく。これでは労働生産性は上がらない。

「2025年の崖」で見込まれる年12兆円の経済損失

経済産業省によると、大企業の基幹系システムの約6割が、２０２５年までに導入してから21年以上が経過し、時代遅れになる。中小企業でも今後、同じような課題を抱える。仮に、複雑化・老朽化・ブラックボックス化した既存システムが残存した場合、25年以降、毎年12兆円の経済損失になるという。[8] この問題は「２０２５年の崖」と呼ばれ、対策が急がれている。

地方自治体も同じ状況にある。過去数十年、「行政のデジタル化」と言われ、各地方自治体もシステム開発をしてきたが、同じような行政業務を行っているにもかかわらず、各自治体がバラバラにシステムを開発してきた。その結果、国全体で新制度をスムーズに展開する

7 経済産業省（２０１８）「ＤＸレポート――ＩＴシステム『２０２５年の崖』の克服とＤＸの本格的な展開」
8 前掲書

ことができなくなった。そこでデジタル庁は２０２２年に「地方公共団体情報システム標準化基本方針」を策定し、25年末までに地方自治体の基幹業務システムを統一・標準化することを決め、予算も７０００億円を用意した。だが、この計画も順調には進んでおらず、すでに10％以上の自治体から「期限内の完遂は困難」という声があがっている。

　期限内の完遂が困難と答えた１７１自治体の大半は、大規模自治体だ。20ある政令指定都市は、すべて困難と回答。中核市でも39％、一般市で10％、町村で４％だった[9]。皮肉なことに、ＩＴ化を積極的に進めてきた大規模自治体のほうが、システム構成が複雑になり、容易に変えられなくなっている。

「２０２５年の崖」問題に対処するには、２０２５年までにシステム改修を集中的に行うしかない。だが、従来と同じようにシステム改修を個別最適で実施してしまうと、将来再び同じ問題を引き起こすことになる。それを防ぐためには、事業の将来を見通したうえで、組織全体で最適なシステムを設計し、さらに既存の業務フローにシステムを合わせるのではなく、システムのほうに業務フローを合わせる業務改革も必要となる。課題はこれらのＩＴ人材をどのように全国で確保するかだ。

経済産業省の試算によると、2025年までにIT人材の不足は約43万人までに拡大する見込みだ。さらに第6章で紹介したように、生成AIの活用も含めた業務改革まで行おうとすると、さらに多くのIT人材が必要となる。いまの日本には、圧倒的にIT人材が不足しており、これに対する危機感が、企業側でも、学校教育側でも薄い。

複雑化の問題を抱えているのはITシステムだけではない。日本では、職場での技能も複雑化し、そしてブラックボックス化されてきた。その状態で熟練の高齢者が退職していけば、これまでできていた「当たり前の仕事」もできなくなっていく。これを「技能伝承クライシス」というが、最近、工場や工事現場で増えている事故は、技能伝承ができずに仕事の品質が低下してきていることも一因だ。まさに日本の安全神話が崩れ去ろうとしている。人手不足の中で、安全神話を維持していくためには、ブラックボックス化した技能を形式知にして、IT化していく以外に道はない。

9 デジタル庁(2024)「地方公共団体の基幹業務システムの統一・標準化における移行困難システムの把握状況について」

3　外国人労働者という選択肢

労働生産性向上から新たな労働力確保へ

日本政府は、労働生産性向上を目的として、2018年5月に「働き方改革関連法」を制定している。こちらでは、労働生産性の分子となる「経済活動」が上昇しないのであれば、分母の「総労働時間」を減らそうということになった。もちろん、労働時間を減らすことで、出生率を上げられるのではないかという淡い期待も込められていた。

働き方改革関連法によって、残業時間の上限規制が、大企業では2019年4月から、中小企業では20年4月から適用された。同時に時間外動労働の賃金割増率を25%から50%に引き上げる規制変更も、2010年に大企業を対象に適用されたが、2023年4月からは中小企業も適用対象となった。これらに違反した場合には、6カ月以下の懲役または30万円以下の罰金という刑が科される。

そして、2024年4月からは、働き方改革関連法による時間外労働や休日関連の規制が、建設作業員やトラックドライバー、医師にも適用された。結果、特にドライバー確保が難しくなり、「物流の2024年問題」と呼ばれるようになった。2024年問題への対処では、荷主企業側にも影響は及び、ライバル企業同士が商品を同じトラックで運ぶことや、陸運から海運に切り替える動きなどまで出てきている。

人手不足解消の最大の柱だった出生率は下がり続けている。IT化の遅れにより労働生産性は思うように改善していない。そして働き方関連法は、分母の総労働時間を減らして労働生産性を上げようとしているので、人手不足の解消にはつながらない。こうして、人手不足解消に向けては、3つ目の選択肢「新たな労働力を確保する」に期待が集まるようになった。

まず、新たな労働力確保の対象となったのが、女性と高齢者だった。すでに本章で紹介したように、日本政府の政策はある程度功を奏し、女性と高齢者の就業率は大きく上昇した。しかし、就業率はすでにかなり高い水準になっており、これ以上の大幅上昇を期待することは難しい。そこで登場してきたのが、外国人労働者だ。

国立社会保障・人口問題研究所によると、日本の将来人口は、2020年の1億2615

万人から、70年には8700万人にまで減少していく見込みだ。これは前述したとおりだ。では、このうち、在留外国人の数がどの程度含まれているかご存じだろうか。なんと70年の8700万人のうち、在留外国人数が940万人と、全体の10・8%を占めている。

日本では、国内に転居してくる外国人のほうが、日本から国外に転居していく外国人よりも多く、入国超過数が増加する傾向にある。国立社会保障・人口問題研究所は、2016年から19年までの入国超過数の平均値である約16万3000人を、22年から40年までの予測値として横ばいに据え、41年以降は総人口の減少に比例し、入国超過数も減らしていくシミュレーションを行った。すると総人口が減る一方で、在留外国人の数は増えていき、20年の275万人から70年には940万人にまで、3・4倍になる。

さらに年齢層別でみると、18〜34歳人口の外国人人口は2020年の5・7%から70年には16・8%にまで上昇する。これは、現在日本人のうちパスポートを保有している人とほぼ同じ割合だ。日本政府は目下、就労ビザ制度を改革し、特定技能や育成就労の在留資格を新設・拡充することで、より多くの外国人労働者を受け入れようとしている。その場合、今回予測した結果よりも、さらに在留外国人は増え、18〜34歳では国内にいる人の2割が外国人ということもありうるだろう。

この国立社会保障・人口問題研究所の人口予測を基にして発表されているのが、「消滅可能性都市」に関する統計だ。消滅可能性都市とは、「若年女性人口が2020年から50年までの30年間で50%以上減少する自治体」のことで、2014年に初めて発表された。そして2回目が24年に発表され、消滅可能性自治体の数が、1回目の896自治体から、2回目711自治体に減少した[10]ことが話題となった。[11]

報道では、各自治体の首長が、「子育て支援策に成功した」など表明したりしていたが、国立社会保障・人口問題研究所の元データを知っている読者の皆さんは、要因は外国人国内居住者の増加だということは、すぐにおわかりいただけるはずだ。

10 人口戦略会議（2024）「令和6年・地方自治体『持続可能性』分析レポート」

11 1回目と2回目の双方で福島県の自治体を除いた都市で比較した。

職場での価値観を転換できない企業は存続できない

日本で人手不足が特に深刻なのは、販売従事者、サービス職業従事者、保安職業従事者、輸送・機械運転従事者、建設・採掘従事者の5つだ。有効求人倍率が2倍から7倍と極めて高い[12]。当該職種では、今後外国人労働者が増えていくことが予想される。これら5つの職種の就業者を合計すると2266万人。すなわち日本の就業者全体の34％は、職場で外国人と仕事をする機会が著しく増えていくことになる。

これら5つの職種は、前章まででみてきた「環境層」起因の産業革命やAI革命の影響を比較的受けづらい職種だ。その一方で、外国人とのコミュニケーションという大きな雇用影響を最も大きく受ける職種でもある。約2割の労働者が外国人になったとき、日本の社会はそれに対応できるだろうか。外国人に働きやすい職場を作るには、言語だけでなく、文化や価値観をも理解し、柔軟に対応していくことが求められる。

また、外国人が増えていく影響を受けるのは従業員だけでない。顧客としての消費者や学生でも外国人が増えていく。外国人への対応が最も早く求められてきているのは、外国人観光客が急増している観光業だろう。

訪日外国人観光客数は、コロナ禍が収束した2023年に年間で2500万人を突破した。[13] さらに円安の追い風も受け、24年も増え続けている。その一方で、観光業の現場では、外国人観光客を「受け入れたい」と回答した事業者は21％にとどまった。「今後も受け入れの予定はない」「受け入れたいと思っているが、課題があると感じている」が65％とかなり多い。[14] 受け入れが難しい最大の課題は、「人手不足・人材不足の解消」で、他にも「多言語対応の拡充（パンフレット、ウェブサイト、契約書など）」や「外国語対応スタッフの雇用」といった言語に関する課題感が大きい。

日本では目下、「ダイバーシティ（多様性）」といえば、ジェンダー、とりわけ女性に関する話題が中心だ。だが、外国人のダイバーシティというテーマもすぐ足元まできている。女性のダイバーシティでつまずいているようでは、言語や文化までもが違う外国人のダイバー

12 厚生労働省（2024）「一般職業紹介状況（令和5年12月分及び令和5年分）」
13 独立行政法人国際観光振興機構（2024）「訪日外客数（2023年12月および年間推計値）」
14 日本旅行業協会（2024）「第2回インバウンド旅行客受入拡大に向けた意識調査報告書」

シティなどは到底不可能だ。

多様な人材が活躍できる社会を構築していくためには、「ダイバーシティ（多様性）」「エクイティ（公正性）」「インクルージョン（包摂性）」という3つの概念を理解しておく必要がある。ダイバーシティとは、集団の中に性別、国籍、年齢など属性の異なる人がいるという客観的な状態のことを指す。インクルージョンとは、属性の異なる人々が、尊重され、平等に扱われていると感じられるという主観的な状態のことを指す。そしてエクイティとは、すべての人が平等に扱われていると感じられるように、全員一律ではなく、個々のニーズや状況に応じた対応を積極的に行うことを指す。

2070年に働き手の2割が外国人になるかもしれない日本において、ダイバーシティ・エクイティ・インクルージョン（DEI）の考え方はほとんど定着していない。人手不足が深刻な職種や田舎の地域では、むしろ「阿吽《あうん》の呼吸」が要求され、これまでの日本人男性健常者中心で、ものごとを進める慣習が根強い。日本企業が人的資本経営を進めるうえで、この状況を打破することの重要度は高い。そしてその対象は、自社やグループ会社の従業員にとどまらず、取引先の状況をも自らの意思で変えていかなければならない。ここまでやって初めて、「我が社は人的資本経営を推進しています」と主張することができる。

学校現場もダイバーシティ度を高める必要がある

学校現場も同じだ。ダイバーシティ度合いの高い環境下で心地よく生活できるスキルが、将来世代はいま以上に必要となるが、そのスキルは学校教育を通じて育めているだろうか。

文部科学省の中央教育審議会は2022年に新たな答申[15]をまとめ、「『新たな教師の学びの姿』の実現と、多様な専門性を有する質の高い教職員集団の形成」を打ち出した。その一節に、外国人児童生徒も含め子ども自身が多様化していることを踏まえ、「教師一人一人が個々の児童生徒の多様な教育ニーズに対応した学びを提供するだけではなく、学校自体が、子供たちの多様性を受容でき、それに対応できる組織になっていることも必要である」と明記された。だが、このことを強調しなければならないほどに、日本の教育現場は、平等性を

15　文部科学省（2022）「『令和の日本型学校教育』を担う教師の養成・採用・研修等の在り方について～『新たな教師の学びの姿』の実現と、多様な専門性を有する質の高い教職員集団の形成～（答申）（中教審第240号）」

重んじた結果としての画一的な教育や、教員自身の同質性という問題に直面している。

教育現場の多様性を高めていくためには、外国人やゲスト講師による出張授業を増やすべきだろう。例えば、これまでの教員では対応できない金融経済教育の分野では、金融庁が主導する形で金融機関の専門家による出張授業の体制がすでに整備されてきている。サステナビリティについて学ぶ「持続可能な開発のための教育（ESD）」の分野でも、教育委員会や学校の単位で、出張講義の受け入れが進められている。DEI教育にもゲスト外国人講師が必要だ。

全国86の国立大学で構成する国立大学協会も、大学組織をグローバル化させるために、[16]「国立大学グローバル化アクションプラン」を策定している。このプランでは、日本人学生の海外留学派遣と、外国人留学生の受入れの双方で、2033年目標が設定された。

国立大学からの海外留学派遣に関しては、学部生では2018年の5・2％（2万2316人）から33年までに11％へ、大学院生では18年の8・3％（1万512人）から33年までに20％へと引き上げる計画だ。

外国人留学生の受入れに関しては、国立大学の学生全体に占める外国人学生の割合で、学部生では、2018年の3・1%から33年までに5%へ、大学院生では、18年の21・8%から33年までに修士課程で17%、博士課程で44%へと引き上げにいく。そのため、英語のみで学位取得が可能なプログラムも大幅に増やす。卒業後の進路でも、外国人留学生の国内就職率を40%以上にする目標も掲げた。

この目標が達成されれば、日本の大学生や日本の大学院生も、外国人とともに学ぶという感覚が普通になっていく。また、日本企業でも、日本の大学を卒業した外国人社会人が当たり前のように職場にいるという状況になっていくだろう。

すでに日本にはたくさんの外国人が生活しており、日本人と異なる視点で、日本の課題や日本の良さを見いだしている。地域に関する学びでも、外国人のほうが良さを発見できるということも少なくない。まずは学校や大学、教員自身が、周辺社会の多様性を知ることから始めていくべきだろう。

16 国立大学協会(2024)「国立大学グローバル化アクションプラン――国際社会におけるリーダーシップを発揮するために」

第8章

未来の雇用に向けて何ができるか

エシカル消費では環境課題を解決できない理由

行き詰まりを見せるこの世界で、どうしたら希望を見いだせるのか。

人類は、科学の進化とともに、未来予測の技術を獲得してきた。そして、未来が必ずしも素晴らしいものにならないかもしれないということを知ることになった。そのことが、将来を悲観する人が増えたことの一つの理由だろう。だが、同時に、将来予測ができるようになったことで、長期的な視点に立ち、先回りして対策をするという術も身につけた。

日本でも「ＳＤＧｓ」や「サステナビリティ」という言葉が広がるにつれ、「環境層」や「社会層」が抱える課題への関心は高まった。そして、「私たち一人ひとりが、日々の暮らしのなかで何ができるか」という話題も増えた。その結果、「消費者それぞれが各自にとっての社会的課題の解決を考慮したり、そうした課題に取り組む事業者を応援しながら消費活動を行うこと」を指すエシカル消費[1]が提唱されるようにもなった。だが、残念ながら、消費行動では私たちの課題を解決することはできない。

例えば、環境に配慮した消費行動をしようとしたとして、探しても手頃な価格で入手できる欲しい商品がなかったりする。では、どうするのか。企業に働きかけて欲しい商品を作ってほしいと伝えることはできるかもしれない。では、その商品を誰が開発し、誰が生産するのか。もちろんそれは企業なのだろうが、企業はただの「法人」でしかないので、最後はヒトがそれをやることになる。そして、そのヒトとは、結局は、企業や団体で働いている私たち自身なのだ。**いまの世の中に必要とされているのは、賢い選択ができる消費者という存在よりも、将来に必要とされるものを作り出していける働き手だ。**そのヒトがいなければ、世の中は変わらない。

いま世界中で複数の角度から産業革命が始まっている。エネルギー、農林水産業、天然資源、ＡＩ。その一つひとつだけでも巨大な革命なのだが、それがいま同時に到来している。そして日本ではこれらの産業革命を人手不足という厳しい状況の中で実現していかなければならない。

1　消費者庁「エシカル消費とは」https://www.caa.go.jp/policies/policy/consumer_education/public_awareness/ethical/about

21世紀に最も必要なのは、持続可能な社会を実現するための新たな産業革命を起こしていける「人づくり」だ。日本企業の間で「人的資本経営」という言葉が広がるきっかけを作った経済産業省のレポート[2]の中に、私が一番気に入っている次の一節がある。

現時点の人材やスキルを起点とするのではなく、現在の経営戦略の実現、新たなビジネスモデルへの対応という将来的な目標からバックキャストする形で、必要となる人材の要件を定義し、その要件を充たす人材を獲得・育成することが求められる。

産業革命を起こしていくことが、国際機関からも、政府からも、投資家や株主からも、そして未来を生き抜いていかなければいけない若年世代からも求められている中で、私たちはあるべき未来の姿から逆算して「人づくり」をしていかなければならない。これが人的資本経営の最大のテーマと言えよう。
だが、そのことが理解されずにきてしまった。このレポートが出てから2年が経過した2022年に、経済産業省は企業が人的資本経営にどこまで積極的になっているかを調査する企業アンケートを実施した[3]。結果、明らかになったのは、働き方改革については着手しているものの、将来必要となる人材要件を定義して人づくりをすることには着手されていないという実態だった。

同時に「リスキル・学び直し」には着手しているという回答だったのだが、修得すべき要件も定義せずに、一体何をリスキルさせているのだろうかと正直思う。

もちろん、産業革命が始まったといっても、すべてのスキルが無用になるわけではない。いつの時代も必要となるスキルのことを「ポータブルスキル」と表現することもある。たとえば、厚生労働省は「ポータブルスキル見える化ツール」というものを提供しているが、現状把握能力、課題設定能力、計画立案能力といった仕事の進め方に関するスキルや、仕事上での社内・社外でのコミュニケーションや組織マネジメント能力は、ポータブルスキルと定義されている[4]。だが、ポータブルスキルだけでは産業革命は起こせない。

2　経済産業省（2020）「持続的な企業価値の向上と人的資本に関する研究会 報告書 ～人材版伊藤レポート～」

3　経済産業省（2022）「人的資本経営に関する調査 集計結果」

日本企業では、「人的資本経営」のテーマは人事部の所管だと位置づけられていることが多い。だが人事の実務家たちは、労務管理や働き方、ポータブルスキルについては知見があったとしても、将来の産業革命でどのようなスキルが必要になるのかについて必ずしも詳しいわけではない。例えば、人事部に「ネイチャーポジティブを実現するために必要な人材要件は何だと思いますか？」と尋ねたら、「ネイチャーポジティブとは何ですか？　訊く相手を間違えていませんか？」という返事がきてもおかしくない。

だからこそ、経済産業省が「人的資本経営」を言い始めたとき、人的資本経営は、人事部のミッションではなく、経営陣や取締役会のミッションだと強調していたのだ。

教育投資が少なすぎる日本

イギリス産業革命でも「人づくり」が雌雄を決した。イギリスと並んで熟練労働者の人件費が高かったアメリカ東海岸でも、産業革命期にそれまでの徒弟制度的教育から、職業的な工業教育へと一斉に変わっていった。[5] １８５０年以降には、アメリカ東海岸では理系の大学や学部が急増した。１８６２年には連邦政府で「モリル法」が制定され、生産者階級に農学と工学を教える大学を各州に創設するため、州政府に巨大な公有地または公有地証券が支給された。

この法律で創設された大学は「ランド・グラント・カレッジ」と呼ばれ、いまでも州立大学や私立大学としてアメリカの高等教育を支えている。職業学校から大学への進学者数は、1900年の23万8000人から45年には167万7000万人へと7倍にまで増えた。[6] こうしてアメリカは経済大国となった。もちろんイギリス産業革命期に発展した産業教育にも課題はあった。近代教育制度は画一的で型にはめたような教育スタイルであって自由で生き生きとした教育が実現できなくなっていると指摘する声も多い。だがここで言いたいのは、産業革命の時代には人づくりが極めて大事になるということだ。

4 厚生労働省「ポータブルスキル見える化ツール（職業能力診断ツール）」https://www.mhlw.go.jp/stf/newpage_23112.html
5 長谷川淳（1952）「アメリカにおける産業教育」教育社会学研究 3巻
6 U.S. Census Bureau（2003）「Education Summary——High School Graduates, and College Enrollment and Degrees: 1900 to 2001」

日本では20年以上も前から、教育投資が少ないと言われ、教育投資を増やすよう求める声が上がってきた。それでもいまだに増えていない。最新の2020年のデータでも、公共支出と民間支出を合わせた教育支出の対GDP比は4・1%で、36カ国中31位だった。公共支出単独では3・0%で36カ国中最低レベルだった（図表8－1）。

教育支出が低いことへの言い分は、概ね、「高齢化に伴う社会保障費が年々増えていて、教育に回すお金がない」といったところだろう。だが、その言い訳を続けて将来世代を見捨て、さらに持続可能な社会を築くための産業革命を妨げるのも、そろそろ限界にきている。

いまの時代には、社会保障費を削ってでも、教育支出を増やさなければならない。目指す水準としては、韓国の4・0%や、アメリカやイギリスの4・2%、または同じくOECD平均の4・2%というような中途半端な水準ではいけない。産業革命の時代には、人づくりが最も資金を投下すべき分野となる。日本政府には、せめて36カ国中トップのアイスランドと同じ6・0%以上を目指していただきたい。つまり現状の倍以上の予算だ。

教育支出を構成するもう一つの民間支出とは、主に学費を負担している家計のことだ。日本が1・1%という水準なのに対し、イギリスは2・0%、アメリカは1・9%で、日本よ

図表8-1　教育支出の対GDP比（2020年）

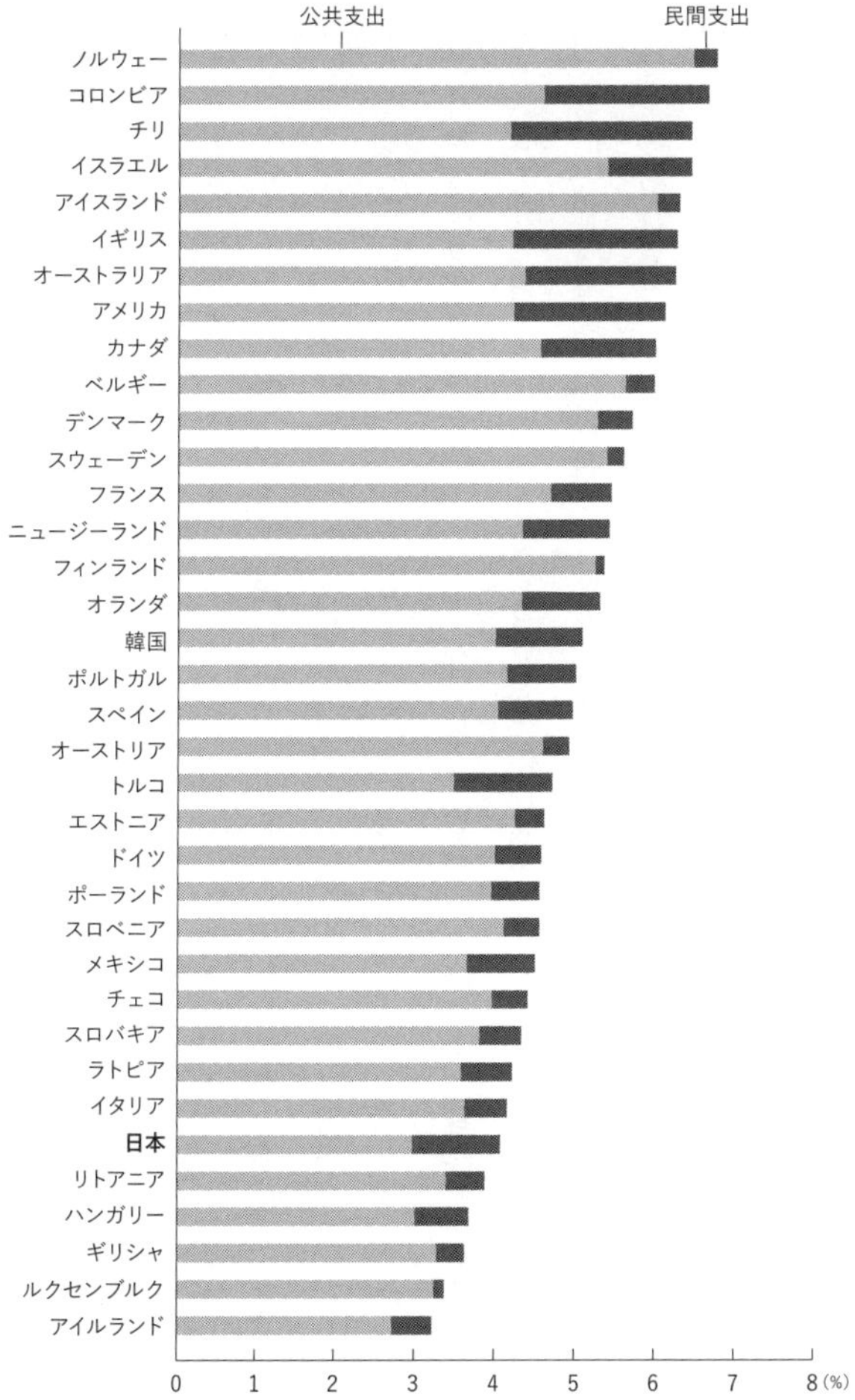

出所：OECD（2023）「Education at a glance 2023」

り遥かに高い。つまり、その分だけ日本は家計の負担が軽いということだ。

日本では、教育に対する家計の負担が軽い、すなわち学費が安いことから、学費を上げるべきだという主張もある。教育サービスを提供する側の立場からは、少しでも質の高い教育をするためには、学費を上げるべきだという言い分にも一理ある。だが、イギリス産業革命では、数多くの人に必要な教育機会を提供していくことが、産業革命を後押しし、人々のスキル転換を支え、そして所得向上につながっていった。[7] そしてその教育機会を提供していったのは、一部の篤志家の資金と、大規模な政府予算だった。

そのことを考えると、やはり今後の日本の学費も、学費を上げて家計負担を重くするのではなく、政府予算を引き上げることで教育資金を確保していくべきだろう。

また、家計の中でも高所得世帯からはもっと多くの学費を徴収してもよいと思う。海外の大学では、高所得者世帯からは高額の正規学費を徴収しつつ、低所得者世帯には奨学金制度を適用して、世帯所得によって学費に差をつけるという運用がしばしば行われている。このやり方を前提にするのであれば、学費を引き上げることにも妥当性があると言えるだろう。

企業の人づくり投資と公正な移行

そして政府と並んで「人づくり」に資金を拠出すべきなのは、企業だ。産業革命を牽引していくことが、これからの経営戦略にとって必要なのであれば、その「人づくり」を自らが率先して進めていくことは、適切な施策と言える。実際に、ＥＵでは、大企業に課したサステナビリティ情報開示ルールにおいて、従業員一人当たりの平均人材開発時間を開示することが義務化された。[8] これは人材開発に力を入れている企業のほうが、市場競争力が高まり、成長していくと株主や投資家が認識しているからだ。

働く人たちの間でも、若い世代を中心に、「キャリアの安全性」という言葉が広がっている。キャリアの安全性とは、いまの職場で働き続けた場合に、自分のキャリアが長く安全な状態でいられると感じられるかどうかということを指す。若い世代は、すでに現在が産業革

7 大賀紀代子（２０１０）「産業革命期イングランドにおける労働者世帯の教育：手織工世帯を事例とした考察」『大阪大学経済学』59（４）

8 European Commission（2023）「ESRS S1 Delegated act 2023 5303 annex 1」

命の時代にあるということに勘づいてきており、従来からの仕事の仕方に不安を覚えている。キャリアの安全性を確保できない企業は今後、人材採用が難しくなっていったり、せっかく採用できても退職してしまうという状況に陥っていくだろう。そのためにもやはり、企業自身が今後必要となるスキルを学ぶ機会を積極的に提供していくことが解決策となる。

さらに言えば、従業員に産業革命に適用していける機会を提供していくということは「人権」の一つとも認識されるようになっている。例えば、国連人権高等弁務官事務所（ＯＨＣＨＲ）と国際労働機関（ＩＬＯ）は、自社や取引先の従業員を、公正で公平で持続可能な社会をつくっていくための産業転換に適用できるようにしていくことを「公正な移行（ジャスト・トランジション）」と称し、公正な移行の実現は、人権の一つとして企業の責務であるとも位置づけている。[9]

産業革命に向けた「人づくり」という視点で、スタートアップに投資していくことも有効だ。スタートアップへの投資は、キャピタルゲインを狙うことや、新規事業開発を加速させるという目的だけでなく、社外の人材開発を通じて、社内の産業革命を促進するという効果も得られる。実際に、産業革命の仕掛け人は、スタートアップから出てくることも多く、仕掛け人たちを後押しすることも、重要な「人づくり」施策になる。

大学や研究機関との共同研究も、「人づくり」の一つだ。産業革命を起こすうえで、大学や研究機関にいる研究者たちには大きな価値がある。かつては、大学や研究機関に共同研究を持ちかけることには高いハードルがあったが、最近では大学や研究機関は研究資金を渇望している。企業が研究資金を提供すれば、共同研究は比較的容易に実現できるようになった。

日本では、「人的資本経営」の潮流が始まって数年が経ち、上場企業は2023年から有価証券報告書に「人材育成方針」を記載するルールが導入されたが、日本企業が「人づくり」への投資額や時間を大幅に増やしているという実証データはまだ得られていない。日本でも、「人づくり」に対する投資を大幅に増やすことにつながる本格的な企業の情報開示ルール整備が必要だろう。

9　United Nations Human Rights Office of the High Commissioner & International Labour Organization (2023)「Human Rights and a Just Transition」

そして、必要となるスキルを修得できる場所をいざ探そうとしても、おそらく簡単にはみつからないだろう。なぜならば、産業革命の時代の真っ只中においては、何が正解かはわからないからだ。言うなれば、幕末の時代の長州藩のようなものだ。玉木文之進が開き、吉田松陰が引き継いだことで知られる長州藩の松下村塾では、教師が一方的に授業をするのではなく、学生が自らの意思で学び、自分で情報を収集し、教師と生徒の間で、そして生徒同士で、活発に議論するというスタイルが採られていた。現代版の松下村塾は、教師と生徒間の会話だけでなく、ＡＩとの会話も加わるかもしれない。

21世紀の産業革命においても、本書で紹介してきたように、どのような方向性に進むべきかについてはある程度はみえてきているが、具体策や検討の順番、アクションのタイミングなどについては、決して自明ではない。学校にも、大学にも、企業にも、議論しながら解を見出し、一歩ずつ道を拓くことを繰り返すという方法が求められる時代になった。そして、そのような環境で学び続けられるようになるということも、私たちに必要とされる新たなスキルの一つだろう。

社内従業員の「人づくり」であれば、人事部門でも事が足りるが、取引先の「人づくり」

やスタートアップへの出資、大学や研究機関との共同研究、場合によっては、採用母集団を確保するための市民への学習機会の提供までをも包括してマネジメントするには、これまでの人事部の業務の範疇を大幅に超えている。これからの人的資本経営や「人づくり」は、人事部だけに所管させるのではなく、部門横断の委員会等を組成してマネジメントしていくほうがよい。

産業革命時代の幸福な生き方

慣れない時代を生きていくというのは、決して楽なことではない。変化の激しい時代を生きていかなければならないことを恨みたくなるかもしれないし、過去の時代に戻ってほしいという気持ちが湧いてくるかもしれない。

だが、産業革命が始まるのは、未来を明るいものにするために人類に残された唯一の道だからだ。その産業革命を私たち一人ひとりが担っていくために、雇用が変わる。そして、新たな雇用に適用していくために、大人も子どもも、学び直していくことになる。

どうせ産業革命という時代の中で生きていくのであれば、その中でも幸せに生きていきたいものだ。最近では、幸福のことを「ウェルビーイング」という言い方をすることが増えている。ウェルビーイングとは、身体・精神・社会のそれぞれの観点で良好な状態でい続けるということを指すのだが、ウェルビーイングを手に入れるための要素について、幸福学で有名な前野隆司教授は「４つの因子」を示してくれている。[10]

第一因子：自己実現と成長の因子（やってみよう因子）
第二因子：つながりと感謝の因子（ありがとう因子）
第三因子：前向きと楽観の因子（なんとかなる因子）
第四因子：独立とあなたらしさの因子（ありのままに因子）

この４つの因子は、21世紀の産業革命にどう向き合っていくべきかという心の持ちようを教えてくれているように思う。

第一因子の「やってみよう因子」では、社会的要請に応え、自分自身の成長に積極的になり、自己実現できているという感覚を持つことが、幸せにつながるということだ。21世紀の産業革命は世の中を持続可能にするという時代の要請によって始まり、そして誰しもが学び直しを必要としている。時代の変化を受け止め、まずは自分自身が学び始め、「やってみよう」と思えることが幸福を感じられる鍵といえる。

第二因子の「ありがとう因子」は、周囲との関係の中で、誰かに感謝したり、感謝されたりできている実感のことだ。「世の中を持続可能にする」ための21世紀の産業革命は、イギリス産業革命以上に大義がある。そのため産業革命を実現させた先には、誰か困っている人が喜んでくれるという期待を持ちやすい。もちろん21世紀の産業革命も、世の中に変化を強いるという側面から、誰しもが喜んでくれることではないかもしれない。しかしこのまま立ち止まっていることのほうが、誰かを不幸にさせてしまう。感謝してくれる人が周囲にいない場合には、自身が産業革命を起こすことで喜んでくれる人を具体的に見いだしながら、学び直したり、プロジェクトを進めていくと、モチベーションが維持できるだろう。

第三因子の「なんとかなる因子」は、楽観的であれ、ということだ。このような心理状態

10　前野隆司（２０１７）『実践ポジティブ心理学』ＰＨＰ新書

を自己効力感「セルフ・エフィカシー」ともいう。楽観的であれば、いますぐ成長を感じられていなかったり、誰かに感謝されていなかったとしても、そのうち実現するだろうという気になれる。「世の中を持続可能にする」という目標は、短期間で達成できるものではなく、気長に進めていくタイプのものだ。いつか実現できると思い続けられるマインドを持っておくといい。

第四因子の「ありのままに因子」は、他人と自分を比較せず、自分らしさをしっかり持つことが幸福感につながるということだ。21世紀の産業革命は、私たちが抱える無数の課題を解決していくことであり、みなが同じ課題に向き合わなければいけないわけではない。自分自身が自然と興味をもってありのままに向き合える内容を見出していけさえすれば、いまどのようなものが流行っているかや、どの課題がクローズアップされているかに振り回されずに、未来に向けて歩みを進められる。

前野教授の研究によると、これらの4つの因子のうち満たしている数が多いほど、幸福を感じられるという。

イギリス産業革命の期間は、1780年代から1830年代の約50年間と言われているが、他の国へと波及した期間を含めるとおおむね1900年頃までとも言われており、120年もの長きにわたって続いた。これだけの長期間、社会が変化し続けていったのだ。

経済がよりグローバル化されている中で始まる21世紀の産業革命は、より短期間に世界中に広がっていくだろうが、それでも数年で終わるような規模ではない。いま高齢の方にとっては、人生を全うする頃になってもまだ産業革命は続いているだろう。いま20歳前後の人にとっても、産業革命のゴールが見える頃には、高齢者になっているかもしれない。

学び続けることは大切だ。だが焦らなくてもいい。少しずつできることから学びを進めていくことが、産業革命時代に幸せに暮らしていける秘訣となるだろう。

夫馬賢治　ふま・けんじ

株式会社ニューラルＣＥＯ。サステナビリティ／ＥＳＧ領域で複数企業の社外取締役や社外アドバイザー。信州大学グリーン社会協創機構特任教授。東京大学、北海道大学、青山学院大学、立教大学でも教鞭を執る。環境省、農林水産省、厚生労働省、経済産業省、スポーツ庁の有識者委員を歴任。テレビ、ラジオ、新聞、ウェブメディアで解説を担当。ニュースサイト「Sustainable Japan」編集長。ハーバード大学大学院サステナビリティ専攻修士、サンダーバード・グローバル経営大学院ＭＢＡ、東京大学教養学部国際関係論卒。著書に『ＥＳＧ思考』『データでわかる　２０３０年　地球のすがた』等。

日経プレミアシリーズ｜514

データでわかる2030年《ねん》　雇用《こよう》の未来《みらい》

二〇二四年七月八日　一刷

著者　夫馬賢治
発行者　中川ヒロミ
発行　株式会社日経ＢＰ
日本経済新聞出版
発売　株式会社日経ＢＰマーケティング
〒一〇五―八三〇八
東京都港区虎ノ門四―三―一二

装幀　ベターデイズ
組版　マーリンクレイン
印刷・製本　中央精版印刷株式会社

ISBN 978-4-296-11939-4　Printed in Japan

日経プレミアシリーズ430

データでわかる　2030年　地球のすがた

夫馬賢治

頻発する異常気象。食卓から次々と消える魚。島国でも避けられない意外な水リスク。対応迫られる「現代奴隷」問題……データが示すのは、持続可能性に黄信号が灯っている地球の姿だ。先行する欧米の取り組みや企業・機関投資家の動きも含め、日本人が知らない世界のリアルを解説。

日経プレミアシリーズ508

シン・日本の経営

ウリケ・シェーデ　渡部典子＝訳

日本企業は世間で言われるよりもはるかに強い。グローバルな最先端技術の領域で事業を展開する機敏で賢い数多くの企業が次々と出現している。その顔ぶれ、昭和の経営から令和の経営への転換、見えざる技術・製品をベースとする事業戦略、行動様式の変革マネジメントなどを気鋭の経営学者が解説する。

日経プレミアシリーズ512

#生涯《しょうがい》子供《こども》なし

福山絵里子

なぜ日本は「無子化・少子化」のトップランナーとなったのか。日本で急速に進む「無子化・少子化」について、とりこぼされがちな個人の視点を中心に据えデータや取材をもとに独自の視点から考察。従来の少子化論とは一線を画する立場から、私たちが構築すべき社会の在り方を問う。